LENIÊNCIA

ELEMENTOS DO DIREITO DA CONFORMIDADE

CONTRACORRENTE

WALFRIDO WARDE
VALDIR MOYSÉS SIMÃO

LENIÊNCIA

ELEMENTOS DO DIREITO DA CONFORMIDADE

São Paulo

2019

CONTRACORRENTE

Rua Dr. Cândido Espinheira, 560 | 3º andar
São Paulo - SP - Brasil | CEP 05004 000
www.editoracontracorrente.com.br
contato@editoracontracorrente.com.br

Dados Internacionais de Catalogação na Publicação (CIP)
(Ficha Catalográfica elaborada pela Editora Contracorrente)

W265 WARDE, Walfrido; SIMÃO, Valdir Moysés.

Leniência: elementos do Direito da Conformidade | Walfrido Warde; Valdir Moysés Simão - São Paulo: Editora Contracorrente, 2019.

ISBN: 978-85-69220-68-8

Inclui bibliografia

1. Direito. 2. Leniência 3. Direito da Conformidade. 4. Corrupção. 5. Política Anticorrupção. I. Título.

CDD: 320
CDU: 364.1

Impresso no Brasil
Printed in Brazil

SUMÁRIO

INTRODUÇÃO

Este opúsculo é o registro de um novo tempo, e do fenômeno que consigo trouxe, para rearranjar funções do Direito, que se põe a redefinir a empresa, o seu conteúdo semântico e, a partir dele, a sua existência sociológica.

A novidade é, não se pode negar, o manejo extremado da empresa como técnica de regulação total, o alargamento da atuação estatal por meio do mais amplo e complexo fenômeno econômico, o fenômeno empresarial, que exsurge com o aparecimento dos regimes de produção capitalista e do Estado moderno. E, nesse sentido, a novidade repete uma tendência que está na gênese da empresa, de sua cognição e de sua jurisdicização. A diferença é que a teoria da empresa, na sua concepção tradicional, atribuiu à técnica de regulação total o papel de tutelar interesses públicos reflexos, enquanto a transformação que aqui se noticia soma à assunção dessa tutela indireta de interesses públicos, satisfeitos pela existência e pelo funcionamento modelar de organizações empresariais segundo fins imediatamente egoísticos, a nova função de tutelar interesses públicos diretos.

A empresa se transformou em instrumento de promoção da conformidade, bem entendida como a tarefa de expurgar do mundo real atos de desconformidade, i.e., a inobservância de comandos de normas jurídicas, cuja consequência é a causação de danos à Administração Pública.

O Direito infiltrou na empresa as funções de prevenir, detectar, coibir e de denunciar esses atos.

Funções outrora exercidas quase que exclusivamente pelo Estado, reconhecida a sua incapacidade de fazê-lo apenas por si – em razão da complexidade da tarefa e dos custos elevados que enseja –, agora são compartilhadas com as organizações empresariais, por meio da reforma de suas estruturas habituais e da implantação de novas estruturas àquelas articuladas.

Aos órgãos de administração das empresas, em especial das sociedades, a forma precípua de organização jurídica da empresa coletiva, foram atribuídas novas competências, compassadas com a criação do que se poderia chamar de novas instâncias orgânicas, à exemplo dos comitês de assessoramento dos conselhos de administração ou do chamado *compliance officer*, cujo feitio é a promoção dos ideais da conformidade e uma autonomia que as dissocia de alguns dos efeitos produzidos pelo exercício do poder de controle e, antes dele, pela propriedade das participações societárias.

Essa recapacitação técnico-jurídica da empresa decorre de uma porção da dogmática jurídica, em relação à qual se pode, a despeito de seu caráter emergente, identificar traços distintivos e os elementos de um sistema operacionalmente fechado e cognitivamente aberto, uma nova rama do Direito, capaz de trabalhar com outras ramas, em especial para tutelar os seus fins programáticos e, portanto, a sua concreção. Parece adequado que essa nova disciplina seja chamada de Direito da Conformidade.

Este opúsculo, e mais uma vez nos voltamos ao seu objeto, delineia esquematicamente os elementos essenciais desse Direito da Conformidade, a partir do que nos parece ser o seu ponto de fuga, o mais fundamental dos seus elementos formativo-institucionais: o acordo de leniência. E será a partir dele, do acordo de leniência, que este trabalho se organiza, em VII capítulos, que cobrem a definição de leniência e as suas funções modelares, que confirmam a sua capacidade de avançar os fins próprios do Direito da Conformidade.

O Capítulo I trata de definir o instituto.

O Capítulo II explica a prenunciada correlação entre leniência e conformidade.

O Capítulo III explica de que modo a leniência se afirma como técnica de coleta de provas.

O Capítulo IV descreve o esgarçamento funcional da leniência, em vista de efeitos adversos do combate puramente repressivo à corrupção, no âmbito da operação Lava Jato, para transformá-la em uma via universal de salvamento empresarial.

O Capítulo V demonstra de que modo a leniência promove o ressarcimento dos danos ao erário e o pagamento de multas aplicáveis em decorrência da prática de atos lesivos contra a Administração Pública.

O Capítulo VI demonstra o papel da leniência, no contexto de um esquema de imputação de responsabilidade administrativa, à instilação de uma cultura empresarial de integridade, por meio de Programas de Integridade que reestruturam a malha relacional formativa das organizações empresariais.

Tudo isso, nos levará ao Capítulo VII, que trata da revolução imposta pelo Direito da Conformidade ao regramento da empresa, a partir da leniência e, ao fim, as nossas conclusões.

Este trabalho terá, na promessa dos autores, o tempo como fermento, o tempo e seus influxos, projetando-se em novas edições, talvez anuais, que tragam ao leitor o desenvolvimento dessa novíssima disciplina que, entre nós, cresce a cada dia, em importância e em complexidade.

Capítulo I

LENIÊNCIA PARA QUEM TEM PRESSA DE SABER O QUE A LENIÊNCIA É

A leniência é o alívio, é aquilo que é manso e agradável, que sugere um apaziguamento, o apaziguamento de que desesperadamente precisa aquele que tem sobre si a pata pesada do Estado, a pata pesada e ameaçadora, que representa todo o aparato estatal de controle e de coerção.

A leniência é a via precípua de sobrevivência empresarial diante da detecção de uma desconformidade.[1] É a condição, que embute um bruto incentivo (Quer sobreviver? Então, coopere!), de manutenção das vias de Direito indispensáveis à existência de uma dada organização empresarial que deu causa a um dano à Administração Pública ou que dele se beneficiou. E é bem por isso, em razão desse incentivo existencial, que a leniência viabiliza suas quatro finalidades modelares: a coleta de provas de desconformidade, o ressarcimento da Administração, a preservação da empresa[2] e a indução de uma cultura de conformidade.

---

[1] A desconformidade é precisamente a inobservância de comandos de normas jurídicas, que tem por consequência a causação de danos à Administração Pública.

[2] A palavra *empresa* será aqui empregada no seu sentido subjetivo, porque mais amplo, em que pese a preferência de nosso ordenamento por um perfil funcional, como se conclui da definição reflexa posta na norma do art. 966, do Código Civil Brasileiro.

A leniência é um instituto elementar do que, sob o ponto de vista metodológico, pode ser chamado de Direito da Conformidade,[3] uma rama emergente do Direito, que, entre nós, se estrutura e se desenvolve ao menos desde 2003, com o aparecimento dos Programas de Leniência do Conselho Administrativo de Defesa Econômica (o CADE),[4] mas que ganha compleição generalizante com a promulgação da Lei n. 12.846 de 2013 (e também da Lei n. 12.850, no mesmo ano), para se desenvolver, com inusitada rapidez, no contexto da famigerada Operação Lava Jato.

A leniência é o fruto do transplante, da transposição conceitual e instrumental dos chamados *leniency programs* do Departamento de Justiça dos Estados Unidos, os quais se inserem primeiramente no âmbito da tutela da concorrência, mas, para além e a partir dela, em uma campanha global por integridade (com evidentes objetivos comerciais).[5]

É, portanto, o fruto de um transplante prolífico, que, no nosso ordenamento jurídico, ganhou feições particulares e sentido próprio, especialmente porque, na origem, a leniência (inspirada na Teoria dos Jogos) visava a cooperação pela quebra (desarticulação) incentivada da colusão[6], enquanto aqui, em meio ao combate à chamada corrupção

---

[3] Para a adequada fixação dos critérios de determinação das ramas do Direito, por analogia, cf. WARDE, Walfrido; BAYEUX NETO, José Luiz. "A metadogmática do Direito Comercial brasileiro", 2015. Disponível em: https://www.conjur.com.br/2015-out-12/metadogmatica-direito-comercial-brasileiro-parte.

[4] Hoje, os Programas de Leniência do CADE encontram fundamento nas normas dos arts. 86 e 87 da Lei 12.529/2011 e nos arts. 237 a 251 do Regimento Interno do CADE.

[5] Cf. SIMÃO, Valdir; PONTES VIANNA, Marcelo. *O Acordo de Leniência na Lei Anticorrupção:* histórico, desafios e perspectivas. São Paulo: Trevisan, 2017.

[6] Cf. DEUTSCH, Morton. "Trust and Suspicion", *In:* J. *Journal of Conflict Resolution*, vol. 2, p. 265, 1957; TULLOCK, Gordon. "The Prisoner's Dilemma and Mutual Trust", *In: Ethics*, vol. 77, p. 229, 1967; GAHAGAN, James. P., TEDESCHI, James. T., "Strategy and the Credibility of Promises in the Prisoner's Dilemma Game". *In: Journal of Conflict Resolution*, vol. 12, p. 224, 1968; DAWES, Robyn. M., MCTAVISH, Jeanne, SHAKLEE, Harriet. "Behavior, Communication and Assumptions About Other People's Behavior in a Commons Dilemma Situation". *In: Journal of Personality & Social Psychology*, vol. 35, p. 1, 1977; GAMBETTA, Diego. *Making and Breaking Cooperative Relations*. Oxford: Basil Blackwell, 1988; WILEY, John Shepard Jr. "Reciprocal Altruism as a Felony: Antitrust and the Prisoner's Dilemma". *In: Michigan*

sistêmica, foi empregada na tentativa malsucedida[7] de salvar setores empresariais inteiros e, com eles, parte significativa do capitalismo nacional.[8]

Law Review, vol. 86, p. 1906, 1988; SPRATLING, Gary. R., "Detection and Deterrence: Rewarding Informants for Reporting Violations", *In: George Washington Law Review*, vol. 69, p. 798, 2001; KLAWITER, Donald. C., "After the Deluge: The Powerful Effect of Substantial Criminal Fines, Imprisonment, and Other Penalties in the Age of International Cartel Enforcement". *In: George Washington Law Review*, vol. 69, p. 745, 2001; GRUNER, Richard. "Avoiding Fines Through Offense Monitoring, Detection, and Disclosure: The Race for Amnesty". *In: P.L.I. CORP.*, vol. 1230, p. 77, 2001; SPRATLING, Gary. R. "The Corporate Leniency Policy: Answers to Recurring Questions". *In: U.S. Department of* Justice, 1998. Disponível em: http://www.usdoj.gov; HAMMOND, Scott. D., "Detecting and Deterring Cartel Activity Through an Effective Leniency Program", *In: U.S. Department of* Justice, 2000. Disponível em: http://www.usdoj.gov; BORRELL, Joan-Ramon; GARCÍA, Carmen; JIMÉNEZ, Juan Luis. "Evaluating Antitrust Leniency Programs". *In: Journal of Competition Law & Economics*, vol. 10, pp. 107-136, 2003; LESLIE, Christopher. R., "Trust, Distrust, and Antitrust". *In: Texas Law Review*. vol. 82, p. 515, 2004; DELRAHIM, Makan. "Antitrust Enforcement Priorities and Efforts towards international Cooperation at the U.S. DoJ". *In: U.S. Department of* Justice, 2004. Disponível em: http://www.usdoj.gov; SPAGNOLO, Giancarlo. "Divide et Impera: Optimal Leniency Programs". *In: CEPR Discussion Paper. n.* 4840, 2005; AUBERT, Cécile., REY, Patrick., KOVACIC, William. E. "The impact of leniency and whistle-blowing programs on cartels". *In: Economics Papers from University Paris Dauphine*. Paris: Dauphine University, 2006; LESLIE, Christopher. R., "Antitrust Amnesty, Game Theory, and Cartel Stability". *In: Journal of Corporation Law*, vol. 31, pp. 453-488, 2006; GONZALEZ, Aldo. "Conceptos y aplicación de la delación compensada en la persecución de los cartels". *In: Revista Expansiva*, n. 100, 2007; CHEN, Zhijun., REY, Patrick. "On the Design of Leniency Programs". *In: Journal of Law and Economics*, vol. 56, pp. 917-957, 2013; BORRELL, Joan-Ramon, JIMÉNEZ, Juan Luis. ORDÓNEZ, José Manuel. "Redefiniendo los incentivos a la collusion: el programa de Clemencia", *In: ICE: Revista de Economia*, pp. 17-35, 2014.

[7] Cf. SIMÃO, Valdir; WARDE, Walfrido; "Qual leniência?" *In: Valor Econômico*. Disponível em: https://valor.globo.com/opiniao/coluna/qual-leniencia.ghtml.

[8] Cf. WARDE, Walfrido. *O espetáculo da corrupção*: como um sistema corrupto e o modo de combatê-lo estão destruindo o país. Rio de Janeiro: Leya, 2018.

Capítulo II

O DIREITO DA CONFORMIDADE

O Direito da Conformidade é o conjunto de regras, de institutos e de estruturas de Direito que se articulam sob um sistema, cuja finalidade é o expurgo da desconformidade, i.e., da inobservância de comandos de normas jurídicas, cuja consequência é a causação de danos à Administração Pública ou à própria empresa.

O Direito da Conformidade é a porção da dogmática do Direito que a prática norte-americana convencionou chamar de *compliance*, e que transportamos para cá, sem muitos cuidados, para submetê-la a uma adaptação (tropicalização) ainda claudicante e bastante irrefletida.[9]

O Direito da Conformidade, em vista de seus fins programáticos, perpassa outras ramas do Direito, cuja eficácia importa à Política do Direito. Daí porque a prática jurídica se refere coloquialmente ao *compliance* concorrencial, tributário, trabalhista, ambiental etc.

A leniência é um instituto essencial do Direito da Conformidade porque:

---

[9] Cf., por todos, MILLER, Geoffrey. P. *The Law of Governance, Risk Management, and Compliance.* 2ª ed. New York: Wolter Kluwer, 2019.

1. em sua primeira acepção, como técnica de coleta de provas (quem quiser alívio deve trazer provas contra si e contra outros), instrumentaliza a detecção da desconformidade, para os fins de seu combate;

2. avança o ressarcimento da Administração, sua segunda acepção;

3. em seu terceiro significado, provê soluções de continuidade, é uma alternativa à destruição empresarial e à exclusão de importantes agentes econômicos dos mercados; e, por fim,

4. induz todos os agentes dos mercados, em especial nas suas relações com o Estado, à adoção de uma cultura de conformidade, ao avançar a criação de estruturas preventivas de controle de integridade.

A leniência, que, no âmbito da Operação Lava Jato, transformouse em tábua de salvação de empresas alvejadas por um combate à corrupção que não mediu consequências (incapaz de distinguir as empresas de seus administradores e controladores), sofreu um inevitável esgarçamento, para atender os fins de uma política emergencial de Estado. Cedeu a uma adaptação circunstancial, mas foi em grande medida incapaz, como veremos, de salvar os aderentes.

Capítulo III

LENIÊNCIA COMO TÉCNICA DE COLETA DE PROVAS

A prova é um elemento do mundo real, um influxo fático, que atribui ao intérprete, e, nesse sentido, sobretudo ao intérprete-judicante (ao qual a lei incumbe levar a norma à concreção, no bojo da "dimensão sociológica" do Direito), convicção de que a norma jurídica incidiu, justamente porque o seu suporte fático (a sua *fattispecie*) ocorreu. E, se ocorreu, desprendeu consequência legal destinada a impor efeitos no mundo real.

A prova é, portanto, um elemento central dos mecanismos de detecção da incidência da norma. A norma incidirá ou não, a despeito da prova. Mas o regular funcionamento da dimensão sociológica do fenômeno jurídico depende essencialmente dos mecanismos de detecção, de cognição de incidência da norma. É por isso que, se B matou A, a norma do art. 121 do Código Penal Brasileiro incidiu, mesmo que o homicídio (sua autoria e a sua materialidade), eventualmente, siga ignorado pelos métodos de detecção à disposição do ordenamento jurídico. As imagens do assassinato, todavia, captadas por uma câmera de filmagem, caracterizam a prova indispensável à subjetivação do direito objetivo, i.e., à aplicação da norma que incidiu para impor consequências legais na esfera jurídica de B e, em seguida, em sua vida no mundo real, à exemplo da privação de liberdade.

A prova, desse modo, exerce uma função crucial aos desígnios da Política do Direito. Sem prova, o fenômeno jurídico não é capaz de mudar o mundo real.

O Direito da Conformidade se organiza para quebrar o tradicional monopólio estatal das funções de detecção da incidência da norma, ou seja, de detectar a incidência da norma em razão do descumprimento de seus comandos. O Direito da Conformidade lança mão, para tanto, de normas, de institutos e de estruturas destinados à partilha da função de detecção da desconformidade. Uma função outrora exclusivamente estatal, que competia apenas aos órgãos de controle do Estado, agora também é exercida por organizações empresariais, aparelhadas de novas estruturas de detecção de ilícitos.

É essa, portanto, a primeira função modelar da leniência, a função de coletor de provas.

A ideia que subjaz esse modelo de monitoramento e de detecção partilhados é a de multiplicar esforços, por meio de um alinhamento de interesses, mas também a diminuição dos pesados custos que o controle de conformidade impõe ao Estado. O novo modelo, centrado na leniência, pretende, portanto, ganhos de eficiência e a diminuição dos custos.

A leniência, como perspectiva de alívio, de clemência estatal, afirma-se como um poderoso instrumento de coleta de provas, para quebrar a cooperação delinquente, o liame de confiança entre comparsas. E isso porque inculca, por meio de um sistema de prêmios e de punições, a revelação da desconformidade daquele que, em primeiro lugar, provê provas de sua conduta desconforme e da conduta de seus comparsas às autoridades.

A leniência quebra, portanto, o sistema de incentivos à colusão, à cooperação entre os coautores do ilícito, de modo que as condutas mais racionais sejam a confissão e a delação, bem como a cessação do ilícito e dos danos à Administração Pública.

A leniência, que assume a forma de negócio jurídico, caracteriza-se, nessa acepção, no abrandamento de penalidades aplicáveis em razão da desconformidade, em contraprestação à entrega de informações e de provas e da admissão da participação no ilícito.

A Lei n. 12.846 de 2013 (a "Lei Anticorrupção") estabeleceu, entre nós, os elementos técnicos ao emprego da leniência como instrumento de coleta de provas.

O pilar central do modelo é a dispensa parcial de subjetivação da norma que imputa responsabilidade à pessoa jurídica que pratica (por presunção, como veremos) atos contra a Administração Pública porque deles se beneficia.

O verbo "praticar", ainda presente no texto de lei, tem sentido particular, definido pela dinâmica de imputação que a responsabilidade objetiva determina. E a sua referência não deve ser interpretada como o resquício de um grilhão mental, mas como o resultado da presunção de que o agente, aquele ao qual se imputa responsabilidade, "praticou" o ato, ainda que a prova da conduta seja desnecessária ao desprendimento da consequência legal.

A imputação de responsabilidade objetiva dispensa a prova da conduta do agente, com o que não há sentido, em princípio, qualquer ideia de proporcionalidade ou de concorrência para a administração da consequência jurídica (ainda que essa ideia volte a ter importância, como veremos, no âmbito das negociações para a determinação da multa no acordo de leniência).

É certo que, sem prova da conduta culposa, a ideia de autoria perde o seu sentido tradicional, para se submeter a um brutal e ampliativo redimensionamento, que alcança um sem número de partícipes relacionados, em muitos sentidos, ao dano.

É por isso que, caracterizado o benefício ou, antes disso, mesmo o manejo de quaisquer das entidades a que se refere o parágrafo primeiro do art. 1º do referido diploma legal, em detrimento da Administração Pública, então, haverá responsabilidade.

Essa é, desde logo, uma regra que se destina a facilitar, por meio da distribuição de cargas de provas, a tarefa de detecção e de punição de condutas lesivas à Administração Pública. Trata de operar um drástico estreitamento das tramas da rede de pesca. E decorre, naturalmente, da dificuldade de provar a causação ou a participação na causação ato lesivo. A dificuldade da Administração, de alcançar esses meios de prova, contrapõe-se ao livre acesso dos agentes às provas de suas condutas.[10] A dúvida do magistrado, não fossem as regras de julgamento, determinaria – em desprezo aos fins próprios da atividade jurisdicional – que prevalecesse, em muitos casos, um *non liquet*.[11]

O ônus da prova, apoiado na lógica da justiça distributiva e na igualdade das partes, é, por excelência, uma regra de julgamento.[12] Sua efetividade depende, contudo, de que seja ao menos preciso o objeto da prova, i.e, o fato que se pretende provar.

Quando o que se quer provar são fatos cujo próprio significado é duvidoso ou disputado (e.g., fraude, dolo, corrupção, abuso de direito, abuso da personalidade jurídica), nem mesmo a aplicação das regras de julgamento é capaz de evitar que a prova reste frustrada.

A alegação de fato a ser provada é conhecida: é um dano à Administração Pública, precisamente definido no art. 5º da Lei Anticorrupção. Difícil, mas não impossível, é o acesso da Administração à sua prova.

A adoção, pelo direito brasileiro, de critérios de distribuição do ônus da prova, que combinam a "posição das partes"[13] com a "natureza

---

[10] Sobre a dificuldade ou impossibilidade de prova pela parte onerada como causa da inversão do ônus da prova, ainda que aqui não se trate de inversão de ônus da prova, mas de presunção legal, cf. FREITAS RANGEL, Rui Manuel de. *O ônus da prova no processo civil*. Coimbra: Almedina, 2000, p. 182.

[11] Cf. VERDE, Giovanni. *L'Onere della Prova nel Processo Civile*. Camerino: Jovene, 1974, p. 57.

[12] Cf. BARBOSA MOREIRA, José Carlos. "Julgamento e ônus da prova". *In*: BARBOSA MOREIRA, José Carlos. *Temas de Direito Processual*: segunda série. São Paulo: Saraiva, 1988, p. 75.

[13] Foi importante, para a configuração moderna das regras de julgamento, que Chiovenda tenha explicitado – em repúdio aos equívocos contidos em "dogmas" firmados por força da repetição – a insuficiência do *necessitas probandi incumbit ei qui agit* como princípio

dos fatos alegados", foi, é verdade, determinante para que, ordinariamente, se incumbisse ao autor a prova dos fatos constitutivos alegados.

O nosso direito processual, contudo, admite, excepcionalmente, a inversão do ônus da prova para que, em caso de dúvida sobre o fato alegado pelo autor – cuja inocorrência o réu não conseguiu demonstrar –, ainda assim seja deferido o seu pedido.

A inversão do ônus da prova – que pode se operar consensualmente, por determinação legal, ou por decisão judicial – é, contudo, insuficiente diante da gravidade das condutas lesivas à Administração e à dificuldade de prová-las. Foi isso o que entendeu o legislador.

As presunções relativas dispensam do ônus da prova aqueles a quem favorecem. Tal dispensa produz o efeito de inverter a regra de julgamento decorrente do ônus da prova.[14] Nesse caso, basta que o autor prove o fato-base para que o julgador repute ter ocorrido o fato presumido.

A inversão do ônus decorrente de presunção relativa é, *in genere*, consequência autorizada pela norma processual, que dispensa de prova os fatos em cujo favor milita presunção legal de existência ou veracidade. O suporte fático da norma é, todavia, a incidência de outra norma ou decisão judicial que determine a presunção.[15]

---

ordenador do ônus da prova, bem como a validade relativa e particular do princípio consagrado no brocardo romano: *ei incumbit probatio qui dicit non qui negat*. Nesse sentido, cf. CHIOVENDA, Giuseppe. "I Rapporti Processuali – il Rapporto Processuale Ordinario di Cognizione". *In*: *Istituzioni di Diritto Processuale Civile*. 2ª ed. vol. 2, Napoli: Jovene, 1936, p. 332.

[14] Confirmam a posição de Umberto Bresolin (cf. BRESOLIN, Umberto. *Efeitos da Revelia no Processo Civil de Conhecimento*. Dissertação (Mestrado) – USP, 2004, p. 150), mormente no que concerne à inversão do ônus da prova como efeito da presunção relativa, entre outros, BETTI, Emilio. *Dirito Processuale Civile Italiano*. 2ª ed. Roma: Foro Italiano, 1936, p. 341; LIEBMAN, Enrico Tullio. "Sull'Onore della Prova". *In: Estudios jurídicos en memória de Eduardo J. Couture*. Montevidéu: Altuna, 1957, p. 432.

[15] Em obra de grande influência entre os operadores, Nelson e Rosa Maria Nery confirmam nossa assertiva, ao reiterar: "A doutrina mais moderna e as legislações novas têm compreendido bem a problemática que envolve a produção da prova que deve ser feita pelo autor que, por sua vez, não tem acesso a elementos e informações que são de vital importância para a demonstração dos fatos que sustentam seu direito. Nessa linha

Aqui, contudo, o art. 1º da Lei n. 12.846/13 encerra uma presunção absoluta de autoria.

O fato-base é aquele a que se refere o art. 2º, i.e., que o ato lesivo seja praticado "no interesse ou em benefício" da pessoa jurídica. E, portanto, provado o fato-base, dele decorre a presunção absoluta de autoria e, portanto, a responsabilidade.

Essa presunção absoluta facilita drasticamente a detecção do ilícito.

A detecção do ilícito determina a atribuição de consequências legais muito severas ao responsável, consequências deletérias, destrutivas (indenização e multa definidas no art. 6º da Lei Anticorrupção), que poderão ser abrandadas por meio da celebração de um acordo de leniência.

Nessa hipótese, o que esse microssistema de regramento da conformidade passa a perquirir é precisamente se o responsável, querendo celebrar com a Administração um acordo de leniência, é elegível, é digno de fazê-lo.

A primeira condição é, por força do *caput* do art. 16 da Lei Anticorrupção, uma "colaboração efetiva", da qual resulte: (*i*) a confissão da prática do ilícito; (*ii*) a denúncia dos demais envolvidos, quando couber; e (*iii*) a obtenção célere de informações e documentos que comprovem o ilícito sob apuração.[16]

Será ainda indispensável que a pessoa jurídica seja a primeira a manifestar seu interesse em cooperar, que cesse seu envolvimento com o ilícito sob investigação e que esteja a todo o tempo, às suas expensas,

---

de considerações está a inversão do ônus da prova que de admite no CDC, em favor do consumidor". Cf. NERY JR., Nelson; ANDRADE NERY, Rosa Maria. *Código de Processo Civil Comentado e a Legislação Processual Civil Extravagante*. 3ª ed. São Paulo: *Revista dos Tribunais*, 1997, p. 615.

[16] Esse sentido dado à colaboração, que a transforma num instrumento de coleta de provas, veremos adiante, estabelece uma conotação defensiva do acordo de leniência. A elegibilidade para o acordo, uma vez que se estabeleça, pressupõe uma subjetivação da responsabilidade, permite que a pessoa jurídica se defenda, para quantificar a multa devida.

à disposição das autoridades de controle de Estado, para, repise-se, realizar uma colaboração plena e efetiva.

O elemento central da leniência é, portanto, a ruptura da colusão, a quebra dos laços de confiança entre comparsas, que pressupõe a união de esforços para a prática de um ato ou para o exercício de uma atividade ilícita, mas também e indispensavelmente um pacto de silêncio.

É uma bruta afirmação dos Poderes Públicos: "Traia o seu comparsa!"

E essa traição, precisamente a ruptura da colusão entre comparsas, tem causa no alinhamento de incentivos negativos e positivos, uma política estatal de bate e assopra, que pressupõe uma drástica ampliação das hipóteses de imputação de responsabilidade e uma consentânea diminuição da impunidade (e da percepção da impunidade), a detecção de benefícios ilícitos, a ameaça de destruição e, por fim, uma oferta objetiva de salvação.

Uma oferta de salvação, é claro, apenas ao primeiro colaborador. Não pode haver salvação para todos, porque é a escassez de salvação que desalinha, que opõe os comparsas e que rompe a sua associação criminosa.

A detecção do ilícito, indispensável para o início do calvário que somente a leniência é capaz de redimir, caracteriza-se, na Lei de Anticorrupção, pelo método investigativo de revelação do fato-base, que é o benefício ilícito, e de imputação de responsabilidade em decorrência do fato-presumido, o dano à Administração Pública. E esse método investigativo se desenvolve precipuamente por meio do Processo Administrativo de Responsabilização, o PAR e, antes dele, por um processo de investigação preliminar.

Mas não se deve esquecer de que a Lei Anticorrupção foi promulgada em 2013, juntamente com outro diploma legal, a Lei n. 12.850, denominada Lei de Organizações Criminosas, que articulou à leniência, como técnica de colheita de provas, a colaboração premiada (algo como o equivalente à leniência para as pessoas físicas). Fez mais, acoplou ao ferramental de detecção de ilícitos outros métodos de obtenção de provas, outrora vistos mais nos cinemas do que nos jornais, a exemplo da quebra de sigilo telefônico e telemático, das ações controladas, da infiltração de agentes etc.

Isso tudo, somado ao abuso das prisões cautelares (e também das conduções coercitivas), no âmbito da Operação Lava Jato, criou o ambiente excruciante necessário à dissolução dos laços de confiança entre os outrora associados e, por fim, à colaboração com o Estado.

Esse sistema de incentivos positivos e negativos, que caracteriza a primeira acepção da leniência (como instrumento de coleta de provas de desconformidade e de cessação de condutas danosas à Administração Pública) seria, todavia, logo desnaturado entre nós diante da absoluta falta de alternativas.

Capítulo IV

LENIÊNCIA PARA TODOS E SALVAÇÃO PARA NINGUÉM

A Operação Lava Jato, que começou oficialmente como uma investigação sobre lavagem de dinheiro, debruçada sobre a atuação de alguns "doleiros" que já não eram apenas operadores de câmbio no "mercado negro", mas verdadeiros agentes de custódia, de desconto e de pagamento (i.e., "bancos informais"), acabou por revelar o que muitos chamaram de maior esquema de corrupção de nossa história.

A bem da verdade, a Operação Lava Jato revelou algo muito mais complexo do que a celebração de contratos superfaturados entre empresas privadas e a Petrobras.

É o retrato dantesco de nosso descaso, da frouxa e disfuncional regulação da política no Brasil.

A Operação Lava Jato demonstrou que a política, em especial o financiamento da política, em um país de dimensões continentais, era administrado por empresas privadas, as chamadas empreiteiras, com dinheiro público, i.e., com a parte do preço de contratos superfaturados que celebravam sistematicamente com uma das maiores estatais petroleiras do mundo.

E, como não existe almoço grátis, é claro, essas empreiteiras recebiam algo em troca: a primazia de contratar com a Petrobras e com o Estado em geral, e, em alguns casos, o incremento (fora de parâmetros de mercado) do preço desses contratos, para além daquilo que se destinava ao financiamento da política (de candidatos e de partidos).

O problema é que os grupos empresariais envolvidos em supostos contratos não comutativos com a Petrobras tornaram-se, ao longo do tempo, e bem antes da deflagração da Lava Jato, verdadeiros conglomerados, sobre os quais se escorou porção importante dos grandes planos de infraestrutura concebidos para o Brasil.[17]

As empreiteiras, que em princípio se ocupavam de prover serviços de construção pesada aos governos, assumiram novas funções, para expandir as suas atividades em direção de novos e cada vez mais abrangentes projetos. Afirmaram-se como agentes centrais do modelo nacional de infraestrutura.[18]

Tornaram-se corpos intermédios entre o Estado-financiador, de um lado, e o Estado-Poder Concedente e Tomador de Serviços, de outro lado. Compuseram e ajudaram a estruturar uma concepção de capitalismo de Estado que se afirmou no país. Uma concepção cujas bases fundamentais remontam os anos 1950, mas que se aperfeiçoou após as ondas de privatização ocorridas ao longo dos governos da Nova República.

Vinte e nove empreiteiras foram envolvidas na Lava Jato; na esmagadora maioria empresas brasileiras, que representavam um dos pilares centrais da nossa economia. Todas elas profundamente alavancadas (com elevado endividamento), nutridas por generosos empréstimos do nosso principal banco de fomento, o BNDES, que lhes proveu, em 10 anos, de 2004 a 2014, quase 400 bilhões de reais.

---

[17] Cf. WARDE, Walfrido; BERCOVICI, Gilberto; SIQUEIRA NETO, José Francisco. *Um Plano de Ação para o Salvamento do Projeto Nacional de Infraestrutura*. São Paulo: Contracorrente, 2015.

[18] Cf. CAMPOS, Pedro Henrique Pedreira. *Entranhas catedrais:* as empreiteiras brasileiras e a Ditadura Civil-Militar 1964-1988. Niterói: EdUFF, 2014.

A Lei Anticorrupção foi aplicada ao caso, ainda que inicialmente muitos questionassem a sua incidência, e determinou, de imediato, um enorme "risco cadastral", um risco de crédito e de reputação às empreiteiras.

A Petrobras, vale lembrar (especialmente nos dias de hoje), é sociedade de economia mista que integra a Administração Indireta da União por força das normas dos arts. 37, XIX da CF e do art. 4º, II, 'c' do Decreto-Lei n. 200 de 1967. Seus administradores são agentes públicos que compõem a burocracia empresarial do Estado. E, não há dúvidas, a Petrobras foi vítima de administradores inescrupulosos e de empresas privadas que com ela celebraram contratos não comutativos. Isso implica na incidência das normas da Lei n. 8.429, de 2 de junho de 1992 ("Lei de Improbidade Administrativa").

Os agentes públicos respondem, assim como as empresas que com eles, em conluio, induziram ou concorreram à prática de atos de improbidade, ou deles se beneficiaram, de modo a causar uma lesão indenizável ao patrimônio público.

É importante reter que a Lei de Improbidade Administrativa, para além de multa e de indenização, determina outras penalidades que, para as empreiteiras, uma vez aplicadas, seriam fatais.

O controlador ou o grupo de controle de cada um dos colossos empresariais envolvidos na Lava Jato, como se depreende dos incisos I a III, do art. 12 daquele diploma legal, caracterizado o ato de improbidade, estaria proibido de contratar com o Poder Público ou de receber benefícios ou incentivos fiscais ou creditícios, direta ou indiretamente, ainda que por intermédio de pessoa jurídica da qual fosse sócio majoritário. Uma proibição de contratar com o Estado de no mínimo 3 anos! Que poderia chegar a 10!

Essa punição, dado que as empreiteiras dependiam, de um lado, de financiamento estatal e, de outro, de receitas provenientes de contratos com o Poder Público, equivaleria à pena de morte.

Walfrido Warde e os Profs. Gilberto Bercovici e Francisco Siqueira Neto advertiram a quase todas as pastas ministeriais do governo de Dilma

Rousseff, até que o então Ministro da Fazenda, Joaquim Levy, desse ouvida.[19] Ele esboçou, como lhe foi sugerido pelo trio de especialistas, um plano de salvamento das empresas que não implicava perdão, muito ao contrário, mas uma chance real de que todas as empreiteiras fossem capazes de ressarcir os danos e pagar a multa, de abrir o cartelizado mercado de infraestrutura e de preservar nossos mais preciosos ativos. Os controladores e administradores seriam exemplarmente punidos, os danos à Administração indenizados e as empresas salvas.[20]

O projeto logo se tornou inviável, porque a grande imprensa e o clamor público que inculcava não abririam, como de fato não abriram, espaço para qualquer racionalidade no combate à corrupção, mas também porque as empreiteiras, ainda bastante poderosas, acreditavam que encontrariam meios de se livrar da conta.

O estado das empreiteiras, a sua situação reputacional e econômica, sofreria galopante deterioração não tivesse sido ampliado o conteúdo semântico modelar da leniência, de modo a transformá-la, como já se disse acima, numa via de salvamento das empresas envolvidas.

O Decreto n. 8.420, de 18 de março de 2015, que regulamenta a Lei Anticorrupção, excetuou a principal condição à celebração dos

[19] Cf WARDE, Walfrido, "Para evitar o colapso do país". Disponível em: https://www1.folha.uol.com.br/paywall/signup.shtml?https://www1.folha.uol.com.br/opiniao/2015/11/1702328-para-evitar-o-colapso-do-pais.shtml; WARDE, Walfrido. "Quebra de empreiteiras da Lava jato trará risco sistêmico ao país". Disponível em: https://politica.estadao.com.br/noticias/geral,quebra-de-empreiteiras-trara-risco-sistemico--imp-,1785945; WARDE, Walfrido. "Como punir os criminosos da Lava jato sem destruir as empresas. Disponível em: https://www.cartacapital.com.br/economia/como-punir-os-criminosos-da-lavajato-sem-destruir-as-empresas-6080/.

[20] Para conhecer o todo do projeto, Cf. WARDE, Walfrido; BERCOVICI, Gilberto; SIQUEIRA NETO, José Francisco. *Um Plano de ação para o salvamento nacional da infraestrutura*. São Paulo: Contracorrente, 2015. E, para uma explicação resumida, ainda que demasiado superficial, cf. WIZIACK, Julio; NERY, Natuza, "Governo prepara plano para obter R$ 15 bi de empresas da Lava Jato". *Folha de São Paulo*, 26 de agosto de 2015. Disponível em: https://www1.folha.uol.com.br/mercado/2015/08/1673672-governo-prepara-plano-para-obter-r-15-bi-de-empresas-da-lavajato.shtml.

acordos de leniência, desbordando os seus benefícios para além da primeira empresa a cooperar.

A norma do art. 30, do referido decreto, determina que a pessoa jurídica que pretenda celebrar acordo de leniência deverá, entre outros requisitos (todos eles expressos na lei regulamentada), "ser a primeira a manifestar interesse em cooperar para a apuração de ato lesivo específico, quando tal circunstância for relevante".

Não é relevante a ordem da colaboração, por exemplo, se não existirem outras empresas a serem denunciadas, seja porque as demais envolvidas na trama ilícita já são conhecidas da Administração Pública ou ainda porque a colaboradora agiu só. A qualificadora do decreto (relevância de ser a primeira a cooperar), encontra fundamento no princípio insculpido no art. 16, I da Lei Anticorrupção: "do acordo de leniência deve resultar a identificação dos demais envolvidos na infração, quando couber".

O decreto atribuiu ao órgão estatal competente para a celebração do acordo, que – no âmbito federal – é, ao menos em tese (como se verá adiante), a CGU, discricionariedade para afastar o requisito que representa a essência instrumental da leniência, o estímulo à quebra da colusão, o incentivo à traição dos comparsas, i.e., todo o fundamento da pulsão de cooperar. E o fez porque, remanescesse uma elegibilidade restrita apenas à primeira cooperante, restaria nenhuma saída para as demais empresas, às quase três dezenas de empresas envolvidas na Lava Jato, todas elas importantes para a estabilidade econômica do país.

A bem da verdade, a CGU, antes mesmo do Decreto n. 8.420, foi ultrapassada pelo Ministério Público Federal (MPF), no contexto de uma evidente concorrência entre entes da Administração; um distúrbio de múltiplas personalidades estatais, por meio do qual, uma disputa pelo protagonismo no manejo da leniência, que de início se estabeleceu entre CGU e MPF, espraiou-se por muitos órgão da Administração.

Esse episódio, que resume a ideia central deste capítulo, merece especial atenção.

Vejamos.

A Lei Anticorrupção atribui, como se sabe, à CGU a competência para a celebração dos acordos de leniência,[21] mas o Ministério Público, em especial o Ministério Público Federal (no âmbito da Lava Jato), aproveitando-se de sua condição de monopolista da ação penal[22] e de sua competência para o ajuizamento da ação de improbidade,[23] exerceu um magnetismo irresistível, de modo a atrair para si, ao menos nos primeiros anos, a esmagadora maioria dos acordos.

Nada adiantaria, em última análise, que a empresa celebrasse leniência com a CGU se o MPF, repise-se, autor da ação penal e da ação de improbidade, não reconhecesse os efeitos desse acordo. Isso redundaria em um acordo incapaz de evitar a extinção da ação penal, segundo o melhor interesse das pessoas físicas envolvidas, e da ação civil de reparação de danos ao erário, que ao fim e ao cabo levaria a empresa à morte, ao proibi-la de contratar com o Estado.

Essa verdadeira "estratégia concorrencial" rendeu frutos ao MPF, exerceu um magnetismo sobre todas as empresas envolvidas na Lava Jato, que pretendessem superar a grave crise a que foram acometidas.

O MPF chamou para si todos os acordos de leniência, arrogou-se competência exclusiva para celebrar todos os acordos de leniência relativos à Lava Jato. E o fez, com tanta convicção e a despeito da competência que a Lei Anticorrupção atribuía à CGU, que criou mesmo uma central de colaborações (delações) premiadas e de leniências[24] (a 5ª Câmara de Coordenação e Revisão do Ministério Público).[25]

---

[21] Cf., art. 3º, § 10, da Lei Anticorrupção: "A Controladoria-Geral da União – CGU é o órgão competente para celebrar os acordos de leniência no âmbito do Poder Executivo federal, bem como no caso de atos lesivos praticados contra a administração pública estrangeira".

[22] Cf., art. 129, I, da Constituição Federal: "São funções institucionais do Ministério Público: I – promover, privativamente, a ação penal pública, na forma da lei";

[23] Cf., art. 17, da Lei de Improbidade Administrativa: "Art. 17. A ação principal, que terá o rito ordinário, será proposta pelo Ministério Público ou pela pessoa jurídica interessada, dentro de trinta dias da efetivação da medida cautelar".

[24] Importante reter que as colaborações premiadas são acordos com objeto e fim semelhantes aos acordos de leniência, mas celebrados por pessoas físicas exclusivamente, sob o regramento da Lei n. 12.850 de 2013.

[25] Cf. WARDE, Walfrido. *O espetáculo da corrupção*: como um sistema corrupto e o modo de combatê-lo estão destruindo o país. Rio de Janeiro: Leya, 2018, pp. 39 a 60.

A equivalência entre controlador e empresa, que é marca de nosso capitalismo (em meio a uma tendente sobreposição entre controle e propriedade), também desempenhou papel determinante para transformar o Ministério Público, ao menos temporariamente (ao longo de 2016 e boa parte de 2017), na "central do perdão nacional". Isso porque, para obter o relaxamento de prisão cautelar, para evitá-la ou mesmo para afastar os efeitos de uma condenação, o controlador encrencado (tanto mais sob a pressão de administradores igualmente encrencados) era levado a colaborar, a celebrar colaboração premiada e, ao fazê-lo, trazer para o bojo da cooperação também a empresa.[26]

O *combo* colaboração-leniência, perante o Ministério Público, tornou-se tanto mais premente na medida em que a "cantoria das pessoas físicas" tornava inútil, aos olhos da procuradoria, uma leniência subsequente.[27]

O controlador ou os administradores já tinham provido a colaboração necessária à caracterização da autoria e da materialidade dos ilícitos, com o que a leniência se tornou um apêndice natural à colaboração, senão uma inviabilidade.

São emblemáticas as situações de impasse em que se inseriram empresas, cujos administradores ou controladores celebraram colaboração premiada, e que, em razão de algum desalinhamento, tiveram sua pretensão à leniência descartada, sobretudo pelo MPF. Tanto mais aquelas que nada mais tinham a contribuir, dadas as provas contra os seus controladores e administradores, colecionadas e entregues às autoridades por comparsas (externos, i.e., ligados a outras organizações empresariais).

Foi a trágica situação dessas empresas, precisamente nessas hipóteses em que as pessoas físicas, no contexto de seus acordos de colaboração, já haviam provido às autoridades todos os elementos probantes à sua disposição, com o que remanescia às pessoas jurídicas nada a colaborar (senão, como veremos nos próximos capítulos, pela instituição de uma cultura estrutural

---

[26] Cf. WARDE, Walfrido. *O Espetáculo da Corrupção*: como um sistema corrupto e o modo de combatê-lo estão destruindo o país. Rio de Janeiro: Leya, 2018, pp. 39 a 60.

[27] Cf. WARDE, Walfrido. *O Espetáculo da Corrupção*: como um sistema corrupto e o modo de combatê-lo estão destruindo o país. Rio de Janeiro: Leya, 2018, pp. 39 a 60.

de integridade), que a leniência se resumiu, em relação a condutas passadas, precipuamente a uma via de ressarcimento da Administração.

Foi sob esse cenário de popularização desesperada do alívio, que a já referida 5ª Câmara de Coordenação e Revisão se tornou a *powerhouse* dos acordos de leniência.

O MPF liderou (e nisso foi seguido pela CGU, com a promulgação do Decreto n. 8.420), portanto, a estratégia que representou, entre nós e no âmbito da Lava Jato, a quebra do modelo lógico sobre o qual se esteia a leniência, para facultar sua celebração, em princípio, a todas as empresas envolvidas.

Esse esgarçamento do modelo, uma adaptação instrumental desesperada, aparentemente uma benesse que amplia as oportunidades de sobrevivência das empresas, conviveu com as dificuldades de um fracionamento de competências estatais concorrentes para celebrar leniência. A "competência de direito", por força da Lei Anticorrupção, era da CGU, mas a "competência de fato", em vista das circunstâncias (e dos desincentivos gerados pela Constituição e pela Lei de Improbidade), do Ministério Público.

O advento de uma decisão judicial sobre o tema não traria refrigério.

Em agosto de 2017, a 3ª Turma do Tribunal Regional Federal da 4ª Região (o TRF-4) decidiu que os acordos de leniência, no âmbito do Poder Executivo federal, não podiam ser celebrados sem a anuência dos representantes da União, ou seja, sem a CGU e mesmo sem a Advocacia Geral da União (AGU).

Antes disso, a CGU já tinha dado sinais de irresignação diante do protagonismo assumido pelo MPF, para dar continuidade a processos administrativos de responsabilização, que poderiam levar à declaração de inidoneidade para contratar com o poder público, ainda que a empresa tivesse celebrado leniência com a Procuradoria da República.

A AGU fez algo parecido, recusando-se a desistir das ações judiciais de improbidade que havia ajuizado.

Não por acaso, muitas empresas que já tinham celebrado acordos de leniência com o Ministério Público viram-se na necessidade de fazer o mesmo com a CGU e com a AGU, sob a imensa dificuldade de não ter mais o que ofertar, porque já haviam dado aos procuradores todas as provas de que dispunham (por si ou por seus administradores e controladores).

As empresas ainda assim se esforçaram e conseguiram celebrar acordos distintos com o MPF e com a CGU e AGU.

Quando tudo parecia resolvido, um órgão de controle externo, o Tribunal de Contas da União (TCU), em busca de legitimar para o escrutínio de legalidade de todos esses acordos, mostrou-se em desacordo com alguns dos valores de indenização e de multa contratados.[28] Ao tomar contas dos acordos de leniência que a Odebrecht, a muito custo, conseguiu celebrar com MPF e com CGU, quase os descartou. Só não o fez, nesse caso, porque a maioria dos ministros daquele tribunal decidiu rejeitar a recomendação da assessoria técnica pela rejeição dos acordos de leniência celebrados por aquele grupo empresarial.[29]

A competência do TCU à revisão dos acordos se consolidou ao ponto dessa Corte de Contas criar a Instrução Normativa 83/2018, que regula (*i*) o dever de informar a celebração e o conteúdo dos acordos de

---

[28] Cf., nesse sentido, vide ALBUQUERQUE, Marcio André Santos de. "O papel do Tribunal de Contas da União nos Acordos de Leniência firmados sob a égide da Lei n. 12.846, de 1º de agosto de 2013". Dissertação (mestrado). Disponível em: https://portal.tcu.gov.br/biblioteca-digital/o-papel-do-tribunal-de-contas-da-uniao-nos-acordos-de- leniencia-firmados-sob-a-egide-da-lei-12-846-de-1-de-agosto-de-2013.htm, que concluiu que o TCU não é apenas "legitimado para exercer o controle dos acordos de leniência firmados na esfera federal, como, por meio de sua atuação integrativa e colaborativa com os demais órgãos, exerce importante papel para o êxito do instituto." Foi esse o entendimento que se consolidou, para determinar a criação da Instrução Normativa 83/2018 do TCU, que regula (*i*) o dever de informar a celebração e o conteúdo dos acordos de leniência ao TCU; (*ii*) a competência fiscalizatória dessa Corte de Contas; (*iii*) a responsabilização dos celebrantes pela inclusão de cláusulas que limitem ou obstaculizem a competência fiscalizatória do TCU.

[29] Cf., WARDE, Walfrido. *O Espetáculo da Corrupção*: como um sistema corrupto e o modo de combatê-lo estão destruindo o país. Rio de Janeiro: Leya, 2018, pp. 39 a 60.

leniência ao TCU; (*ii*) a sua ampla competência fiscalizatória; e (*iii*) a responsabilização dos celebrantes pela inclusão de cláusulas que limitem ou obstaculizem a sua competência fiscalizatória.

Não raro, outros entes públicos desempenharam papel predominante na tentativa das empresas de obter a leniência estatal.

Muitos acordos celebrados com o Ministério Público, nos quais empresas prometeram colaboração e assumiram o dever de pagar indenização e multas ao Estado, pressupunham a participação de outros órgãos da Administração, em razão de competências sobrepostas, por exemplo, do Conselho Administrativo de Defesa Econômica (CADE), nos casos em que se caracterizou uma afronta à tutela da concorrência, ou da Comissão de Valores Mobiliários (CVM), quando se identificam infrações à regulação do mercado de valores mobiliários, ou ainda, do Banco Central do Brasil (BACEN), na hipótese de se verificar o envolvimento de uma instituição financeira.

O CADE ostenta uma competência pioneira, importante relembrar, desde o começo deste século, à negociação e à celebração de acordos de leniência. Esbanja proficiência nesse sentido.

É o elogiável "Guia do Programa de Leniência Antitruste do CADE", que consolidou as melhores práticas e os procedimentos usualmente adotados pela Superintendência-Geral da autarquia na negociação e celebração de acordos de leniência, e que foi homologado na sessão de julgamento do Tribunal do CADE, no dia 25 de maio de 2016.[30]

Note-se que o guia faz referência à adequada distribuição de competências entre o CADE e o Ministério Público para os acordos de leniência decorrentes de infrações à tutela da concorrência, sobretudo, em razão da prática de cartel.

A celebração de acordo de leniência com o CADE determina, na esfera criminal, a suspensão do curso do prazo prescricional e impede o

---

[30] Disponível em: http://www.cade.gov.br/acesso-a-informacao/publicacoes-institucionais/guias_do_Cade/guia_programa-de-leniencia-do-cade-final.pdf.

oferecimento da denúncia com relação ao agente beneficiário da leniência no que tange aos crimes tipificados na Lei de Crimes Contra a Ordem Econômica (Lei n. 8.137/1990), e nos demais crimes diretamente relacionados à prática de cartel, tais como os tipificados na Lei Geral de Licitações (Lei n. 8.666/1993) e no artigo 288 do Código Penal (associação criminosa).

Cumprido o Acordo de Leniência, extingue-se automaticamente a punibilidade dos crimes acima, nos termos do artigo 87 da Lei n. 12.529/2011.

É curioso que a Lei que estruturou o Sistema Brasileiro de Defesa da Concorrência, promulgada antes da Lava Jato, e da disputa que deflagrou por protagonismo institucional, tenha sido capaz de estabelecer uma justa cooperação entre o autor da ação penal e o fiscal da concorrência, precisamente para evitar o malogro do acordo de leniência.

Essa cooperação traduz uma confiança do Ministério Público em favor do CADE (o avesso da balbúrdia institucional que se seguiria), jurisdicizada pelo legislador, com o que o primeiro concorda que o último – ao celebrar acordo de leniência – impeça o oferecimento da denúncia penal e, ao fim do cumprimento dos deveres pactuados no acordo, dê causa à extinção da punibilidade do beneficiário pelos crimes praticados contra a concorrência.

Essa mesma generosidade não se reproduziu entre Ministério Público, CGU e AGU, tampouco em relação a outros entes da Administração que se inseririam nessa disputa por competência. O que se vê, portanto, à exceção da leniência no CADE, são modelos sobrepostos, desarticulados e colidentes.

A leniência no BACEN e na CVM segue essa tendência.

O BACEN e a CVM fizeram, por sua vez, um grande esforço institucional para, em meio à tentativa de encontrar um modelo racional que ofertasse uma via de salvamento às empresas, assumir também papéis de importância nas situações fáticas que atraíssem as suas competências.

O resultado desse esforço foi a promulgação da Lei n. 13.506, de 13 de novembro de 2017.

Essa Lei reformou o processo administrativo sancionador de modo a incrementar o seu potencial punitivo, mas, sobretudo, a estabelecer, nos seus arts. 30 a 32, regras próprias à celebração de acordos de leniência. Ou seja, a Lei estabeleceu a possibilidade, em dadas hipóteses, de celebrar acordos de leniência separados (i.e., "Acordo Administrativo em Processo de Supervisão", segundo a locução da Lei), com a CVM e/ou com o BACEN, conforme o caso.

Walfrido Warde advertiu a comissão mista do Congresso Nacional, que se debruçou sobre a Medida Provisória 784/17, antecedente à referida Lei n. 13.506, sobre os riscos da proliferação de "acordos de leniência" à superação de crises empresariais sistêmicas como as deflagradas pela Lava Jato.[31]

Ao que parece, todavia, as autoridades de estado que manejavam os trabalhos e as pressões à aprovação desse diploma legal se preocupavam que, chegasse aos bancos e às companhias abertas (mas sobretudo aos bancos), a Lava Jato arriscaria causar danos irreversíveis a todo o sistema financeiro.

O resultado disso tudo é que, para as empresas, a pressão diminuiria de um lado, mas aumentaria de outro.

A empresa que celebrasse acordo com o Ministério Público não se livraria da pesada mão do Estado; poderia, independentemente desse acordo, ser declarada inidônea pela CGU ou pelo TCU.

A indenização e a multa poderiam ser revistas e aumentadas.

Quando a empresa se convencesse de que se livrou de uma ação de improbidade ou de qualquer outra medida judicial proposta pelo Ministério Público, descobriria que esse não era, digamos, o entendimento da AGU, que também é competente para ajuizar essas demandas.

Poderia ainda acreditar que estava quite com algum ou todos esses órgãos, e ser condenada por prática anticoncorrencial pelo CADE,

---

[31] Cf., o resumo dos debates. Disponível em: https://www.camara.leg.br/noticias/521235-comissao-faz-hoje-ultimo-debate-sobre-mp-que-institui-acordo-de-leniencia-no-sistema-financeiro/

ou por afronta à regulação do sistema financeiro e do mercado de capitais pelo BACEN e pela CVM, respectivamente.[32]

Todos os nossos apelos pela criação de uma força-tarefa, de um "guichê único" (onde teriam assento e poder equivalente todos os entes estatais envolvidos), foram solenemente desprezados.[33]

Em meio a esse festival de desencontros, não raro, a mão direita desautorizou a mão esquerda, ou a cabeça meneava afirmativamente enquanto o indicador, como para-brisas em dia de chuva torrencial, dizia não.

A 5ª Câmara de Coordenação e Revisão do Ministério Público celebrou acordos de leniência que foram solenemente desprezados por procuradores e por juízes, ainda que de modo transitório, até que instâncias superiores do Judiciário os levassem a cumprimento. E isso ainda se vê, sob a multiplicação exponencial de centros defletores autônomos e não-hierarquizados de poder jurídico: o procurador e o juiz não se submetem a um modelo de ordenação sistêmica, são elementos do estado sujeitos à vontade e à razão próprias.

E é por isso que a leniência para todos, um arremedo de leniência, findou por salvar ninguém, ou quase ninguém, no universo de empresas envolvidas na Lava Jato.

A Camargo Correa demitiu 12.500. A Andrade Gutierrez 90.000. A UTC 20.325. A Odebrecht 95.000. A Queiroz Galvão 13.000. A OAS 80.000. A Engevix 17.000. A EAS 3.500 e a Promon apenas 380, a metade dos seus 760 empregados.[34]

---

[32] Cf. SIMÃO, Valdir; WARDE, Walfrido., "Qual leniência?" *In: Valor Econômico.* Disponível em: https://valor.globo.com/opiniao/coluna/qual-leniencia.ghtml.

[33] WARDE, Walfrido. BERCOVICI, Gilberto. SIQUEIRA NETO, José Francisco. *Um Plano de ação para o salvamento nacional da infraestrutura.* São Paulo: Contracorrente, 2015. Cf. SIMÃO, Valdir; WARDE, Walfrido., "Qual leniência?" *In: Valor Econômico.* Disponível em: https://valor.globo.com/opiniao/coluna/qual-leniencia.ghtml.

[34] Cf., WARDE, Walfrido. *O Espetáculo da Corrupção*: como um sistema corrupto e o modo de combatê-lo estão destruindo o país. Rio de Janeiro: Leya, 2018, pp. 39 a 60.

A OAS pediu recuperação em abril de 2015, UTC em julho de 2017 e a Queiroz Galvão em dezembro de 2018.

O Grupo Odebrecht pediu recuperação judicial, diga-se de passagem, a maior recuperação judicial do mundo, que monta quase 90 bilhões em dívidas, em junho de 2019.

Aquelas que celebraram leniência, fizeram-no tardiamente, depois de forte desencontro, confrontadas por um lamentável despreparo estatal e pelo clamor público por sua destruição (diante da incapacidade de se diferenciar a empresa de seus administradores e de seus controladores).

O seu debacle econômico-financeiro determinou o colapso de nosso projeto nacional de infraestrutura, na medida em que, desde logo, essa decadência enfraqueceu o BNDES, precípuo credor das empreiteiras (peça fundamental do financiamento do sistema), interrompeu os empreendimentos em curso (à míngua de recursos), comprometeu a disponibilidade de crédito nos mercados, justamente porque os bancos privados "garantiam as empreiteiras", desacelerou brutalmente a economia, sobretudo pela descontinuidade dos mercados (internos e externos) de serviços de infraestrutura, com graves efeitos adversos sobre a arrecadação, o crescimento econômico e a capacidade de investimento público.

E é por tudo isso que o nosso modelo de leniência para todos significou, ao menos até agora, salvação para ninguém.

Capítulo V

SÓ PAGA QUEM ESTÁ VIVO

Se é importante provar a autoria e a materialidade dos ilícitos contra a Administração, não menos importante será ressarcir o erário pelos danos que tais ilícitos lhe impuseram.

O erário é o tesouro do Estado, são as coisas públicas, que pertencem ao Povo, daí a enorme importância de sua tutela.

Não é possível que o Estado exerça as suas funções, as funções que a Constituição lhe atribui, sem essa universalidade híbrida, composta de bens e de direitos, que caracteriza o erário. É elemento central ao aparecimento e à afirmação do Estado moderno,[35] ainda que uma derivação do análogo e vetusto instituto do direito público romano.[36]

O erário, em relação às funções do Estado (como se lhe atribui a Constituição, i.e., o estatuto jurídico da Política, e, em especial a nossa Constituição) é instrumento essencial ao desenvolvimento do país, à promoção dos ideais constitucionais de crescimento econômico e de justiça social.

---

[35] Cf., ALONSO GARCIA, David. *El erário del reino*: fiscalidad em Castilla a princípios de la Edad Moderna (1504-1525). Valladolid: Junta de Castilla y Leon, 2007.

[36] Cf. Anônimo. *Compendio De Las Antiguedades Romanas En Que Se Manifiesta El Establecimiento De La Ciudad De Roma, Su Gobierno, Dignidades, Magistrados, Senado, Asambleas, Erarios, Ministros.* South Carolina: Nabu Press, 2011.

A Constituição é o primeiro e fundamental acervo de normas voltadas à tutela do erário, em particular por meio das normas dos seus arts. 37, inciso XXI, §§4º e 5º, 71, incisos II e VIII e 112. É dela e de seus comandos e diretrizes que defluem todas as demais normas infraconstitucionais que disciplinam o erário e que, sob essa ordenação constitucional, protegem-no.[37]

O acordo de leniência é, nesse sentido, um instrumento legal que compõe a tutela do erário público. Não provê uma via de salvamento às pessoas jurídicas que causaram dano ao erário apenas em prestígio ao princípio da preservação da empresa (em reconhecimento à importância da empresa, que transcende a esfera de interesses puramente privados), mas, antes de tudo, porque a preservação da empresa é, nessa hipótese, um requisito essencial à incolumidade do erário.

A empresa será incapaz de ressarcir os danos que o seu manejo ilegal deu causa se for destituída de seus elementos essenciais de produção, se for vedado ou gravemente obstaculizado o exercício da atividade empresarial, seja pelo entrave de seus canais de financiamento e de geração de renda, seja pela paralisia de seus mecanismos de gestão.

É evidente que as autoridades brasileiras de Estado (em especial as dedicadas ao combate à corrupção) ainda não compreenderam bem isso, que é uma singela obviedade em muitos países do mundo.

É possível exercer atividade empresarial normalmente e gerar riquezas, i.e., receita e todos os efeitos econômicos positivos multiplicadores da receita da empresa (e.g., os tributos, a renda do trabalhador, os pagamentos aos fornecedores etc.), sem distribuir lucros aos seus sócios, mas não será possível fazê-lo se não se remunerar adequadamente os seus administradores e empregados.

O melhor para que uma empresa seja capaz de ressarcir o erário é que seja hígida, que seja pujante, que viceje. E que, dentro do possível, as dívidas com o Estado sejam tratadas como as demais dívidas, cujo

---

[37] Cf., nesse sentido, a doutrina sofisticada de GASPARRINI PIANESI, Daniela. *La responsabilità administrativa per danno all'erario*. Milano: Giuffrè, 2004.

pagamento se equaciona em vista da capacidade empresarial de geração de renda (o chamado *ability to pay*, como elemento determinante da forma – em especial, do tempo – de pagamento, jamais do montante devido),[38] acoplada (no caso de danos contra a Administração) a influxos de capital que a ordem jurídica determina sejam vertidos ao acervo patrimonial por todos os sócios, mas, sobretudo, por administradores e controladores faltosos.

As empresas em crise muitas vezes morrem e dificilmente são capazes de pagar. As empresas, em nenhuma hipótese, devem ser alvejadas para aplacar a fúria punitiva do Povo, tampouco a sede de protagonismo de entes do Estado e de agentes públicos. Fazê-lo ou permitir que façam é, não menos do que a corrupção, um grave dano indireto ao erário, na medida que impede o seu ressarcimento, nas hipóteses em que é devido.

As chances de pagamento da indenização e da multa devidos por danos à Administração Pública são maximizados:

1. pela preservação da empresa;

2. pelo intenso monitoramento das atividades empresariais, de modo a impedir novas ofensas à lei e a malversação de ativos;

3. pela alteração da composição da administração, com novos membros escolhidos segundo critérios de mercado e com base em ilibada reputação, sob a égide de uma rígida cultura de integridade (como veremos no próximo capítulo);

4. pela a suspenção temporária do exercício do poder de controle e sujeição da empresa a um controle gerencial até o efetivo pagamento de indenização e de multa;

---

[38] Cf. DANTAS, Bruno. *Acordos de leniência e os limites de atuação de cada órgão*. Disponível em: https://www.conjur.com.br/2017-dez-28/bruno-dantas-acordos-leniencia-limites-atuacao-orgaos. O instituto advém do direito falimentar e da ideia de proporcionalidade do direito tributário, com o que se discutem os termos de sua implantação no Direito da Conformidade. Cf. UNITED STATES GENERAL ACCOUNTING OFFICE. *Personal Bankrupcy. The Credit Reserach Center Reporto n Debtors' Ability to Pay,* 1998. para uma abordagem filosófica brilhante, MURPHY, Liam; NAGEL, Thomas. *The Myth of Ownership*. Oxford: Oxford University Press, pp. 20, 24, 28 et al.

5. pela alienação eventual de ativos cuidadosamente escolhidos, cuja venda não impeça ou dificulte o exercício da empresa (*cherry picking*);

6. pela alienação do poder de controle, sobretudo em casos de controle totalitário e majoritário, com versão, parcial ou total, do proveito da venda ao pagamento de indenização e de multa;

7. pela utilização de recursos ao pagamento, i.e., dinheiro, bens móveis e imóveis, que não impactem a capacidade de exercício da empresa, i.e., que não a dispam dos meios de produção essenciais à sua existência;

8. pela suspensão do pagamento de dividendos e pela reversão de dividendos pagos indevidamente, em decorrência de proveitos auferidos pelo dano causado à Administração;

9. pela adoção de todas as medidas necessárias à indenização da empresa pelos últimos beneficiários dos danos que a empresa causou à Administração, i.e., administradores e controladores por violação de deveres fiduciários e por abuso de controle, assim como terceiros que se aproveitaram dessas transgressões.

Todas essas medidas, nos casos em que não correspondem a um comando legal que as autorize, poderão ser objeto do acordo de leniência, i.e., condutas voluntariamente assumidas pela empresa que deseja se beneficiar dos favores estatais, do alívio que o acordo lhe pode prover, para diminuir o valor da multa devida, para permitir que contrate com o Estado etc.

É certo que a sua implementação pressupõe uma fina articulação de interesses público-privados e a capacitação de agentes de Estado para que interajam com agentes de mercado sem que disparidades de formação e de informação atrapalhem o bom sucesso da leniência, que se mede, ao fim, pela sobrevivência da empresa e pelo pagamento de sua dívida com o Estado.

Outra garantia essencial ao ressarcimento do Estado e à efetividade das multas aplicadas é a racionalização dos seus critérios de determinação. E isso não será possível, em primeiro lugar, sob o espírito de vingança. Um efeito pedagógico é inerente à ideia de multa, mas o incentivo negativo não deve se encarregar de excluir empresas do mercado. Não é esse o espírito do sistema de promoção de integridade que está centrado na ideia de leniência. A leniência, que se reveste de todos os instrumentos e garantias de efetivo ressarcimento do erário acima mencionados, já é suficientemente assustadora, sobretudo para controladores e para administradores, sem que as empresas precisem ser destruídas. A devastação do ambiente empresarial, como se provou no Brasil, não atinge particularmente controladores e administradores, tanto menos quando eles remanescem ricos e livres, ainda que as empresas pereçam.

A CGU, em franco diálogo com o TCU, sob a proficiente gestão do Min. Wagner Rosário, tem feito grandes esforços para simplificar e racionalizar o cálculo de indenização e de multa. Publicou, em dezembro de 2018, o Manual Prático de Cálculo de Multa no Processo Administrativo de Responsabilização, com o fim de orientar as comissões responsáveis pelos processos de responsabilização, instauradas no âmbito do Poder Executivo federal, sobre as regras e os parâmetros utilizados na definição do valor da multa a ser aplicada às empresas investigadas com base na Lei Anticorrupção.[39]

A Lei Anticorrupção, regulamentada pelo Decreto n. 8.420/2015, atribui às Comissões internas da CGU, as chamadas CPAR, a competência à investigação e ao processamento de pessoas jurídicas pela prática de atos lesivos à Administração Pública.

As normas dispõem que caberá às CPAR a apresentação de relatórios sobre os fatos apurados e a responsabilidade das empresas, sugerindo, de forma motivada, as sanções a serem aplicadas (multa e publicação extraordinária da decisão condenatória).

A Lei e o Decreto contemplam vários critérios no cálculo da multa, que devem ser observados pelas autoridades de Estado incumbidas de apurar os atos lesivos previstos na Lei Anticorrupção, tais como

[39] Disponível em: https://www.cgu.gov.br/Publicacoes/responsabilizacao-de-empresas/manual-pratico-de-calculo-da-multa.pdf.

gravidade da infração, grau de lesão, existência e efetividade de um programa de integridade (como veremos no próximo capítulo) etc.

O Manual foi concebido para auxiliar na compreensão e na avaliação dos parâmetros já estabelecidos na Lei e em seus regulamentos.

O documento inova ao apresentar procedimentos e critérios mais detalhados para o estabelecimento do valor da sanção pecuniária a ser aplicada a uma pessoa jurídica.

O cálculo se estabelece em 5 etapas:

1ª Etapa. A definição da base de cálculo, i.e., o faturamento anual bruto da empresa no ano que antecede o da instauração do processo de responsabilização. A metodologia de apuração do faturamento bruto e dos tributos que dele devem ser deduzidos para que se conheça o valor da multa foi determinada pela Instrução Normativa CGU n. 1/2015, que contempla dois conceitos de faturamento bruto anual.

A regra geral determina que o faturamento bruto anual corresponde ao equivalente à receita bruta de que trata o art. 12, do Decreto-Lei n. 1.598, de 26 de dezembro de 1977, que regulamenta a legislação em matéria de imposto de renda da pessoa jurídica e que dispõe que a receita bruta compreende (*i*) o produto da venda de bens nas operações de conta própria; (*ii*) o preço da prestação de serviços em geral; (*iii*) o resultado auferido nas operações de conta alheia; e (*iv*) as receitas da atividade ou objeto principal da pessoa jurídica não compreendidos nos itens anteriores.

A regra especial se aplica quando a empresa em questão for aderente do Regime Especial Unificado de Arrecadação de Tributos e Contribuições devidos pelas Microempresas e Empresas de Pequeno Porte (Simples Nacional). Nesses casos, o faturamento bruto se calcula com base no conceito da norma do art. 3º, § 1º, da Lei Complementar n. 123, de 14 de dezembro de 2006, i.e., o Estatuto das Microempresas e Empresas de Pequeno Porte. Essa regra considera que a receita bruta é o produto da venda de bens e de serviços nas operações de conta própria, o preço dos serviços prestados e o resultado nas operações em conta alheia, não incluídas as vendas canceladas e os descontos incondicionais concedidos.

Em ambos os casos, é necessário deduzir do cálculo do faturamento bruto os impostos devidos, como manda o inciso I, do art. 6º, da Lei de Anticorrupção. Como a Lei não definiu quais os tributos dedutíveis, o Manual determina a aplicação da Instrução Normativa CGU n. 1/2015, que no seu art. 3º determina que os tributos a serem excluídos do cálculo da receita bruta são precisamente os incidentes sobre a receita bruta, nos termos do inciso III, do § 1º, do art. 12, do Decreto-Lei n. 1.598/1977.

O Manual detalha instruções ao proceder da CGU à utilização de métodos alternativos de cálculo do faturamento bruto e em situações nas quais é necessário empregar um critério à sua estimação.

2ª Etapa. A definição da alíquota que incidirá sobre a base de cálculo.

A alíquota será definida observados os 11 parâmetros a que se referem os arts. 17 e 18 do Decreto n. 8.420/2015. Os do art. 17 determinam o aumento da alíquota,[40] enquanto os do art. 18 a sua diminuição.[41] Ao final, somam-se os percentuais referentes aos parâmetros do art. 17 e, desse total, subtrai-se a soma dos percentuais redutores do art. 18. O resultado indicará a alíquota aplicada sobre o faturamento bruto à determinação do valor preliminar da multa.

Nas hipóteses em que a vantagem auferida pela empresa corresponder a 20% ou mais do faturamento bruto da empresa, ou quando o valor correspondente a 3 vezes a "vantagem pretendida ou auferida" for inferior a 0,1% do faturamento bruto, ou ainda inferior a 6 mil reais, não se aplicam os parâmetros dos arts. 17 e 18 do Decreto n. 8.420/2015.

---

[40] São eles: a continuidade dos atos lesivos, a ciência do corpo diretivo da pessoa jurídica, a interrupção de serviço ou obra, a situação econômica da pessoa jurídica, i.e., os índices de liquidez e de solvência, a reincidência e o valor do contrato.

[41] São eles: a não consumação da infração, a comprovação de ressarcimento do dano, o grau de colaboração da pessoa jurídica, a comunicação espontânea do ilícito e a existência de um programa de integridade.

Se a vantagem auferida for maior que 20% do faturamento bruto de referência, será desnecessária a definição da alíquota, uma vez que, nessa hipótese, qualquer que seja o resultado da alíquota aplicada sobre a base de cálculo, o resultado será um valor inferior à vantagem auferida, de modo que será necessário ajustar o valor da multa a ser proposto ao valor da vantagem auferida.

Assim, caso se verifique, após a identificação do valor do faturamento bruto, que a vantagem auferida foi superior a 20% deste faturamento, a Administração poderá justificar a desnecessidade de avaliação dos 11 parâmetros previstos nos arts. 17 e 18 do Decreto n. 8.420/2015.

A segunda hipótese ocorre quando o valor da "vantagem pretendida ou auferida" for muito pequeno, comparado ao faturamento da pessoa jurídica processada.

O inciso II do § 1º do art. 20 do Decreto n. 8.420/15, ao dispor sobre o limite máximo da multa, determinou que seria o menor valor entre 20% do faturamento bruto ou três vezes o valor da "vantagem pretendida ou auferida".

O cálculo da "vantagem pretendida ou auferida" será necessariamente realizado na etapa 4 do cálculo da multa, porque o conceito de "vantagem pretendida ou auferida" é utilizado pelo Decreto n. 8.420/2015 para o cálculo dos limites mínimo e máximo da sanção pecuniária.

O Manual estabelece critérios de mensuração de cada parâmetro e o procedimento nas hipóteses em que estão ausentes um ou mais parâmetros à aferição da alíquota.

<u>3ª Etapa</u>. O cálculo da multa preliminar decorre da multiplicação da base de cálculo determinada na 1ª Etapa, pelo valor da alíquota obtido na 2ª Etapa, à exceção das situações às quais o Manual oferece tratamento especial porque estão ausentes um ou mais parâmetros à aferição da alíquota.

<u>4ª Etapa</u>. A definição dos limites mínimo e máximo do valor de multa (que pressupõe o cálculo da vantagem auferida). O § 1º do art. 20 do Decreto n. 8.420/2015, determina que, em qualquer hipótese, o

valor final da multa terá como limite mínimo, o maior valor entre o valor da vantagem auferida e 0,1% do valor do faturamento bruto do ente privado, caso se tenha utilizado a metodologia de cálculo do faturamento bruto anual do ano anterior à instauração do PAR; ou o valor da vantagem auferida e R$ 6.000,00 (seis mil reais), caso se tenha utilizado a metodologia estabelecida no art. 22 do Decreto n. 8.420/2015 para se definir a base de cálculo da multa a ser aplicada (quando não é possível utilizar o critério do faturamento bruto no anterior ao da instauração do PAR). E limite máximo será o menor valor entre: 20% do faturamento bruto do ente privado e três vezes o valor da vantagem pretendida ou auferida.

Para o cálculo do limite mínimo, é necessário constatar a "vantagem auferida", enquanto que, para calcular o limite máximo, a "vantagem pretendida ou auferida", com o que será demonstrada a forma de cálculo da vantagem pretendida ou auferida, para que seja possível estabelecer e comparar os limites mínimo e máximo do valor da multa. A definição e a fórmula de cálculo da "vantagem pretendida ou auferida" foram estabelecidas nos §§ 2º e 3º do artigo 20 do Decreto n. 8.420/2015.

A vantagem auferida corresponde ao que a empresa efetivamente ganhou e que não teria ganho sem a prática do ato lesivo, somado, quando for o caso, ao valor correspondente a qualquer vantagem indevida dada ao agente público ou a terceiros a ele relacionados, deduzidos os custos e as despesas legítimos, comprovadamente executados, ou que seriam devidos ou despendidos caso o ato lesivo não tivesse ocorrido.

A vantagem alcança apenas o lucro auferido ou pretendido com o ato lesivo, com o que é equivocado incluir o valor total de um contrato obtido por pagamento de propina. Nesse caso, deve-se reduzir do contrato total, os valores legítimos de despesa com a execução contratual. Do contrário, a Administração Pública poderia se apropriar indevidamente de valores que foram efetivamente empregados na prestação de um serviço ou entrega de um bem.

Pode-se traduzir a vantagem auferida ou pretendida, grosso modo, na seguinte fórmula: vantagem auferida/pretendida (=) [lucro auferido ou pretendido com o ato lesivo (valor total da vantagem pretendida – despesas legítimas) (+) vantagem indevida paga a agente público.

E, por fim, a 5ª Etapa. A calibragem da multa preliminar.

Essa última etapa do cálculo da multa poderá ser dispensada, quando o valor da multa preliminar for (*i*) igual ou maior que o limite mínimo; (*ii*) igual ou menor que o limite máximo. Nessas hipóteses, a multa preliminar não precisará ser ajustada.

Caso o valor da multa preliminar seja menor que o limite mínimo ou maior que o limite máximo, haverá a necessidade de ajuste.

Na primeira hipótese, o valor da multa deverá ser ajustado ao limite mínimo, ou seja, o valor da multa proposta pela comissão deixará de ser o valor da multa preliminar e passará a ser o próprio limite mínimo da multa.

Na segunda hipótese, o valor da multa deverá ser ajustado para o limite máximo, ou seja, o valor da multa proposta pela comissão deixará de ser o valor da multa preliminar e passará a ser o próprio limite máximo da multa.

É evidente que esse trabalho facilita não apenas a aferição das vantagens indevidas, mas também racionaliza a determinação da multa, observando-se – no caso dos acordos de leniência – as hipóteses de sua mitigação previstas na Instrução Normativa CGU/AGU n. 2, de 16 de maio de 2018.

Essa Instrução Normativa trata especificamente da metodologia de cálculo da multa administrativa da Lei Anticorrupção no âmbito dos acordos de leniência. O Anexo I da IN n. 2 é particularmente importante para a aferição do valor da indenização aos entes lesados, composto por duas rubricas: (*i*) a multa administrativa (sanção); e (*ii*) a vantagem indevida auferida ou pretendida pela empresa colaboradora (ressarcimento).

A IN n. 2 ampliou o conceito de vantagem auferida ou pretendida, orientando que sejam incluídos no ressarcimento acordado o somatório de eventuais danos incontroversos atribuíveis à empresa colaboradora.

O cálculo do ressarcimento obedece a seguinte fórmula: ressarcimento (=) danos incontroversos (+) propinas pagas (+) lucro ou enriquecimento que seria razoável se não houvera o ato ilícito.

Entende-se como "dano incontroverso" o prejuízo financeiro ou patrimonial reconhecido pela empresa colaboradora. O dano ao erário de natureza incerta e controversa, deve ser objeto de procedimento específico de apuração para atribuir liquidez e certeza ao valor a ser reparado, na forma do art. 13 da Lei Anticorrupção.[42]

Celebrado o acordo de leniência, a multa poderá ser reduzida em até dois terços. O valor do ressarcimento não.

Todo esse trabalho precisa se submeter a uma evidente harmonização, para que se compasse às práticas estabelecidas pelos outros entes com que um acordo de leniência poderá ser celebrado.

É inaceitável a discrepância de posturas estatais, em razão do ente da Administração e de suas peculiaridades "corporativas", assim como não se pode, de mesmo modo, admitir a cumulação de indenizações e de multa pelos mesmos atos.

E, nesse sentido, preocupam sobremaneira aqueles danos que perpassam a Administração, para determinar a competência do aparato de controle da União, dos Estados e, em alguns casos, também dos municípios. Uma sobreposição de punições ou o obstáculo perene à superação do problema, dada a multiplicação exponencial de "guichês", determinará o avesso da finalidade paradigmática da leniência de prover o rápido ressarcimento do erário e pagamento da multa e punição de agentes corruptos.

---

[42] Cf. SIMÃO, Valdir. "Qual é o dano?". *Folha de São Paulo*. Disponível em: https://www1.folha.uol.com.br/opiniao/2018/07/valdir-simao-qual-e-o-dano.shtml

CAPÍTULO VI

CULTURA DE INTEGRIDADE

A difusão de uma cultura empresarial de integridade, de conformidade, i.e., de observância das normas legais, de modo a se coibir, sistêmica e estruturalmente, que as empresas causem danos à Administração, no bojo das relações público-privadas, caracteriza uma ressignificação da organização jurídica da empresa.

Os acordos de leniência são instrumentos de promoção dessa cultura empresarial de integridade, na medida em que atribuem benefícios às organizações concebidas segundo essa nova ordem de coisas, senão àquelas que se comprometem a ela aderir (e a ela efetivamente aderem).

A organização jurídica da empresa assume precipuamente a forma jurídica das sociedades.[43] As empresas são, portanto, organizadas juridicamente, o mais das vezes, segundo as formas jurídicas paradigmáticas, as vias de direito que o microssistema societário disponibiliza aos seus criadores, os sócios. Essas formas jurídicas paradigmáticas, e.g., a sociedade anônima, a sociedade limitada, a sociedade em nome coletivo, a sociedade em comandita etc., determinam uma maneira de ser ao feixe

[43] A mesma linha de raciocínio poderá se desenvolver paralelamente também em relação a outras formas de organização jurídica da empresa, a exemplo dos fundos de investimento, observadas necessárias adaptações.

de relações que se estabelecem entre os sócios, de modo a conferir existência jurídica a um novo centro de imputação, mas também a estabelecer uma organização, que se desdobra a partir do sistema jurídico, nos sistemas econômico e social. São formas jurídicas que admitem, segundo as normas postas que as disciplinam, mais ou menos autonomia privada, para que os seus constituidores e também os futuros sócios moldem, segundo a sua melhor conveniência, as características da malha relacional que define a organização em si.

É por isso que determinadas sociedades anônimas podem se financiar por apelos à poupança privada, as chamadas ofertas públicas, enquanto outras não podem fazê-lo. Ou, então, porque algumas são administradas por uma diretoria e um conselho de administração, enquanto outras têm apenas diretoria. É a eleição voluntária, a submissão às regras que caracterizam um dos vários modelos disponíveis no âmbito de uma dada forma societária, que determina nuances, variações regulatórias, que reverberam para o aparecimento de estruturas organizacionais igualmente variadas, a partir de um chassi regulatório. Quando se fala, sob o mesmo exemplo, da sociedade anônima, o termo se refere ou à companhia aberta, ou à companhia fechada, ou, ainda, à anônima de pequeno porte, disciplinada pela norma do art. 294 da Lei n. 6.404/1976. Cada uma dessas variantes decorre da adoção de posturas e de estruturas e, antes disso, à submissão de um conjunto de regras, que tipifica e especializa a organização jurídica da sociedade e os seus desdobros econômicos e sociais.

O Direito da Conformidade introduz, todavia, por meio da leniência, novas estruturas que se articulam àquelas determinadas pelo Direito Societário (seja por suas normas cogentes, seja por suas normas dispositivas), estruturas determinadas por comandos com eficácia interna, que atendem manifestos interesses estatais à integridade empresarial e à conformidade.

O Direito da Conformidade, os seus postulados e as suas normas, para a concreção dos seus fins, articulam-se ao Direito Societário e às regras que disciplinam (*i*) as relações internas formativas das organizações empresariais sob forma societária, e (*ii*) o governo das sociedades.

Funções outrora exercidas quase que exclusivamente pelo Estado, reconhecida a sua incapacidade de fazê-lo apenas por si – em razão da complexidade da tarefa e dos custos elevados que enseja –, agora são compartilhadas com as organizações empresariais, por meio da reforma de suas estruturas habituais e da implantação de novas estruturas àquelas articuladas.

Aos órgãos de administração das empresas, em especial das sociedades, repise-se, a forma precípua de organização jurídica da empresa coletiva, foram atribuídas novas competências, compassadas com a criação do que se poderia chamar de novas instâncias orgânicas, à exemplo dos comitês de assessoramento dos conselhos de administração ou do chamado *compliance officer*, cujo feitio é a promoção dos ideais da conformidade e uma autonomia que as dissocia de alguns dos efeitos produzidos pelo exercício do poder de controle e, antes dele, pela propriedade das participações societárias.

O governo das sociedades ou a governança corporativa (como a ele imprecisamente temos nos referido) não se confunde com o *compliance*. A governança corporativa corresponde ao conjunto de normas que organizam a distribuição de poderes no âmbito de uma sociedade, de modo a minimizar conflitos de agência, baratear o financiamento da empresa, maximizar a geração de lucros e de valor em benefício dos sócios e atender interesses legítimos de grupos de pressão que gravitam no entorno da empresa (i.e., a disciplina de relações externas com eficácia interna). O *compliance*, por outro lado, não tem outra finalidade senão se infiltrar nas estruturas de governo societário, para zelar que as empresas se alinhem como centros de prevenção, de remediação e de punição de desconformidades.

O Direito da Conformidade cria, por meio da leniência, um sistema de incentivos, de punição e de abrandamento da punição, capaz de induzir as organizações empresariais a acoplarem às suas regras e estruturas de governo regras e estruturas de integridade. E é por isso que a leniência é um instrumento potente de indução de cultura de integridade empresarial.

A bem da verdade, o modelo de responsabilização administrativa, do qual a leniência faz parte, por força da Lei Anticorrupção, considera critérios de agravamento e de abrandamento na aplicação de sanções. A existência de mecanismos e de procedimentos internos de integridade, auditoria e de incentivo à denúncia de irregularidades, assim como a aplicação efetiva de códigos de ética e de conduta no âmbito de uma dada organização empresarial, os chamados Programas de Integridade, são atenuantes centrais à mitigação das penas.[44] Serão, de mesmo modo, também essas posturas de integridade às quais uma empresa deverá aderir, se pretender celebrar leniência.

A CGU criou, precisamente para avaliar os níveis de aderência a padrões elevados e efetivos de integridade, um Manual Prático de Avaliação de Programa de Integridade em PAR, i.e., para os fins da imputação de responsabilidade em âmbito administrativo da qual se encarrega.[45]

É tarefa da Comissão de Processo Administrativo de Responsabilização, a já referida CPAR, avaliar o programa de integridade para os fins de sopesamento das sanções.

A comissão deve receber e juntar nos autos do PAR as informações e documentos sobre o Programa de Integridade apresentados pela pessoa jurídica com a sua defesa escrita. A forma de apresentação do Programa de Integridade segue o modelo estabelecido no art. 2º da Portaria CGU n. 909/2005, com a elaboração de Relatório de Perfil e Relatório de Conformidade do Programa.

A avaliação do Plano de Integridade será postergada para o relatório final, momento em que a comissão fará o seu juízo final de valor sobre a responsabilização da pessoa jurídica processada. Isso porque, ao longo da apuração, ou mesmo após a análise da defesa escrita, a comissão pode concluir: (*i*) que a pessoa jurídica não cometeu o ato lesivo que

---

[44] A empresa tem responsabilidade objetiva no caso de ato lesivo contra a Administração Pública, praticado em seu nome ou benefício. Um Programa de Integridade robusto e efetivo não é absoluto na prevenção, mas sua existência mitiga a sanção pecuniária da Lei Anticorrupção.

[45] Esse Manual, também criado em dezembro de 2018, está disponível em: http://www.cgu.gov.br/Publicacoes/etica-e-integridade/arquivos/manual-pratico-integridade-par.pdf

motivou a instauração do PAR; ou (*ii*) que as provas carreadas aos autos não permitem afirmar que a pessoa jurídica cometeu o ato lesivo a ela imputado. Nessa hipótese, o PAR será arquivado e não haverá necessidade de avaliação do Programa de Integridade.

Ainda que se conclua pela responsabilização da pessoa jurídica e pela aplicação de multa, a CPAR deverá verificar, no momento da redação do seu relatório final, a pertinência de avaliar ou não o Programa de Integridade. A avaliação será feita apenas se tiver realmente a capacidade de diminuir o valor da multa.

Isso porque quando a CPAR inicia o cálculo da multa a ser proposta deverá, desde logo, como explicamos no capítulo anterior, definir a alíquota aplicável sobre o faturamento bruto.

Para isso, a comissão deverá verificar no caso concreto a incidência dos parâmetros que aumentam e que diminuem a alíquota, em observância aos arts. 17 e 18 do Decreto n. 8.420/15.

O Programa de Integridade é um dos parâmetros previstos no artigo 18 do n. 8.420/2015 e tem a capacidade de reduzir a alíquota aplicável ao faturamento bruto.

A redução poderá variar de 1,0% a 4,0%, a depender do nível de efetividade do Programa de Integridade.

Como há outros parâmetros que impactam na definição da multa, a comissão deverá analisar os demais parâmetros previstos nos artigos 17 e 18 do Decreto n. 8.420/2015 antes de iniciar a análise do Programa de Integridade.

Se o resultado da avaliação desses demais parâmetros já estiver indicando uma alíquota preliminar para a multa igual ou menor que zero será de todo desnecessária a análise do Programa de Integridade, por força da norma do art. 19 do Decreto n. 8.420/2015.

Essa norma prevê que se a alíquota igual for zero ou negativa, então, o valor da multa corresponderá a 0,1% do faturamento bruto ou R$ 6.000,00, a depender do método de definição do faturamento bruto utilizado.

Será, portanto, desnecessária a análise do Programa de Integridade quando o resultado da análise dos demais parâmetros dos artigos 17 e 18 do Decreto n. 8.420/2015 indicar uma alíquota igual ou inferior a zero.

A CPAR também deixará de analisar o Programa de Integridade quando verificar que a vantagem auferida é igual ou superior a 20% do faturamento bruto anual.

O inciso I do art. 6º da Lei n. 12.846/13, ao dispor que a multa varia de 0,1% a 20% do faturamento bruto da pessoa jurídica, determinou também que, em qualquer hipótese, a vantagem auferida será o limite mínimo da multa.

O objetivo desse dispositivo é evitar que, na hipótese de a vantagem auferida com o ato lesivo ultrapassar 20% de seu faturamento anual, a empresa se aproprie da porção da vantagem indevida que sobejar os 20% do seu faturamento bruto anual em estímulo à delinquência.

Desse modo, quando a vantagem auferida ultrapassar 20% do seu faturamento bruto anual, o valor da vantagem auferida será o valor da multa a ser proposta, com o que será desnecessário definir uma alíquota aplicável sobre o faturamento bruto, o que, portanto, torna desnecessário avaliar o Programa de Integridade.

Mas quando for necessário avaliar a qualidade de um Programa de Integridade, é indispensável que se observem os 16 parâmetros fixados pelo art. 42, do Decreto n. 8.420/2015:

1. O comprometimento da alta direção da pessoa jurídica, incluídos os conselhos, evidenciado pelo apoio visível e inequívoco ao programa;

2. Os padrões de conduta, código de ética, políticas e procedimentos de integridade, aplicáveis a todos os empregados e administradores, independentemente de cargo ou função exercidos;

3. Os padrões de conduta, código de ética e políticas de integridade estendidas, quando necessário, a terceiros, tais como, fornecedores, prestadores de serviço, agentes intermediários e associados;

4. Os treinamentos periódicos sobre o Programa de Integridade;

5. A análise periódica de riscos para realizar adaptações necessárias ao Programa de Integridade;

6. Os registros contábeis que reflitam de forma completa e precisa as transações da pessoa jurídica;

7. Os controles internos que assegurem a pronta elaboração e confiabilidade de relatórios e demonstrações financeiros da pessoa jurídica;

8. Os procedimentos específicos para prevenir fraudes e ilícitos no âmbito de processos licitatórios, na execução de contratos administrativos ou em qualquer interação com o setor público, ainda que intermediada por terceiros, tal como pagamento de tributos, a sujeição a fiscalizações, ou a obtenção de autorizações, licenças, permissões e certidões;

9. Independência, estrutura e autoridade da instância interna responsável pela aplicação do Programa de Integridade e fiscalização de seu cumprimento;

10. Os canais de denúncia de irregularidades, abertos e amplamente divulgados a funcionários e terceiros, e de mecanismos destinados à proteção de denunciantes de boa-fé;

11. As medidas disciplinares em caso de violação do Programa de Integridade;

12. Os procedimentos que assegurem a pronta interrupção de irregularidades ou infrações detectadas e a tempestiva remediação dos danos gerados;

13. As diligências apropriadas para contratação e, conforme o caso, supervisão, de terceiros, tais como, fornecedores, prestadores de serviço, agentes intermediários e associados;

14. A verificação, durante os processos de fusões, aquisições e reestruturações societárias, do cometimento de irregularidades ou ilícitos ou da existência de vulnerabilidades nas pessoas jurídicas envolvidas;

15. O monitoramento contínuo do Programa de Integridade visando seu aperfeiçoamento na prevenção, detecção e combate à ocorrência dos atos lesivos previstos no art. 5o da Lei Anticorrupção; e

16. A transparência da pessoa jurídica quanto a doações para candidatos e partidos políticos (o que foi definitivamente proibido com o julgamento da Ação Direta de Inconstitucionalidade 46/50).

Esses mesmos parâmetros estarão presentes nos Programas de Integridade que, no bojo dos acordos de leniência, as empresas se comprometem a estabelecer.

É certo, contudo, que a adoção desses programas deverá, em razão dos custos e da complexidade de implantação, manejo e de manutenção, observar uma necessária calibragem para que se adequem às dimensões e também aos recursos das empresas aderentes.

A interpretação e aplicação desses parâmetros legais poderá, é bem verdade, variar, mais ou menos, segundo os entendimentos do ente estatal em questão. E isso incrementa toda a insegurança que ainda circunda o tema entre nós.

De qualquer modo, é possível aquilatar o intenso recrutamento das organizações empresariais à afirmação de interesses e de finalidades estatais, sob grande esforço e custo. E a profunda reformulação a que se submetem sob a égide das normas do Direito da Conformidade.

Capítulo VII

O DIREITO DA CONFORMIDADE, A PARTIR DA LENIÊNCIA, É UMA REVOLUÇÃO NO REGRAMENTO DA EMPRESA

A importância das empresas determinou, no curso da História, sobretudo a partir do final do século XIX, a percepção do fenômeno multifário a que o termo "empresa", então cunhado, correspondia.

A empresa passou a expressar uma manifestação do intelecto humano, nos sistemas econômico, político e social, cuja importância não poderia escapar da atuação dos Estados Nacionais, recém-erigidos e capacitados. E, isso, imediatamente em razão de sua utilidade mais sensível, à geração de riquezas, à promoção de crescentes taxas de lucro e, portanto, à afirmação essencial dos regimes de produção capitalista. Mas também porque esse novo conceito, que correspondia naquele momento a um novo fenômeno, inspirava – dada a sua importância central – a atuação do Estado, uma atuação reguladora movida pelas relações biunívocas que se estabelecem entre o Direito e a Economia. A Economia que atribui funções ao Direito, e o Direito que permite ao Estado atuar na Economia.

A empresa se estabeleceu, portanto, como um conceito instrumental, como uma verdadeira técnica de regulação, que manejava um fenômeno de muitos significados. Mas também como o objeto da tutela estatal, dada a sua importância, sua centralidade ao contínuo crescimento econômico das nações, à autogeração do capital e, por isso, ao salvamento do capitalismo.[46]

A afirmação da empresa como técnica de regulação total, indispensável ao cumprimento das funções atribuídas pelo capital ao Estado, tornou necessária a compreensão precisa dos complexos fenômenos econômico-sociais cobertos pela empresa. O fenômeno empresarial é tudo a que à empresa corresponde (é a *fattispecie* de empresa): um conjunto de fatos complexos, sempre cambiantes e sujeitos à toda a sorte de particularismos (mas ainda assim descritos [abarcados] por uma única hipótese objetiva).

O estudo do fenômeno empresarial, justamente por se debruçar sobre objeto amplíssimo, é tarefa de muitos campos do saber, do Direito, da Economia, da Sociologia, da Psicologia etc.

Essa constante investigação ajuda a atualizar e calibrar a disciplina jurídica da empresa às finalidades instrumentais que lhe impõe a Política do Direito, em vista das novas descobertas sobre o fenômeno empresarial e de seus constantes desenvolvimento e transformação.

As primeiras reflexões sobre a empresa iriam tratá-la, a partir dos anos 1930 e especialmente no auge do regime nacional-socialista, como especial núcleo defletor de interesses; assumiria a tarefa de introduzir importantes influxos ideológicos no ordenamento, a exemplo do que se tentou por meio da doutrina do *Unternehmen an sich*.[47] E superado, com a queda do Reich, um tom demasiado publicista (que inspirou, em 1937,

---

[46] Cf. Para uma explicação exauriente, WARDE, Walfrido. "Teoria Geral da Empresa", *In: Tratado de Direito Empresarial.* 2ª ed. São Paulo: RT, 2018.

[47] Cf. RATHENAU, Walther. *Vom Aktienwesen*: Eine Geschäftlische Betrachtung. Berlin: Fischer Verlag, 1917; NETTER, Oskar. *Zur aktienrechtlichen Theorie des "Unternehmens an sich". JWI,* p. 2953-2956, 1927; HAUSSMANN, F. "Gesellschaftsinteresse und Interessenpolitik in der Aktiengesellschaft. *Bank-Archiv"*, vol. 30, p. 57-65 e 86-95, 1930-1931. Para uma visão histórica desse processo, mesmo que algo distorcida, JAEGER, Pier Giusto. *L'interesse sociale.* Milano: Giuffrè, 1964. p. 17.

as reformas da *Aktiengesetz*), à empresa remanesceria o sentido de centro de interesses ou de valores distintos daqueles dos seus suportes humanos, à afirmação de um *Unternehmensinteresse*, instruído por clamores de uma variada gama de "grupos de pressão" e, antes deles, por interesses de Estado (cf., nesse sentido, todas as leis que introduziram a participação operária nos órgãos de direção da macroempresa societária alemã, i.e., a *Gesetz über die Mitbestimmung der Arbeitnehmer in die Aufsichtsraten und Vorstanden der Unternehmen des Berghaus und der Eisen und Stahl erzeugende Industrie* (*MontaMitbestG* 1951), a *Betriebsverfassungsgesetz* de 1952 e a *gesetz über die Mitbestimmung der Arbeitnehmer* (*MitbestG*) de 1976).

Essas ideias influenciariam, alicerçadas em um modelo de Estado, um grande número de ordenamentos nacionais.

A Itália de Mussolini, em vista de sua proximidade com a Alemanha nazista, atribuiu à empresa a condição de conceito estruturante para a matriz regulatória que se deduz do *Codice Civile* de 1942.

Outros países, em meio a um projeto de ampliação do Estado, também encontraram na empresa uma conveniente ferramenta.

Célebres comercialistas, a exemplo de Frederiq e VanRyn, cogitaram mesmo uma absorção do direito comercial pelo direito econômico, senão a sua completa superação, pelo advento de uma nova disciplina centrada na empresa como categoria fundamental.[48] Bem por isso, no direito francês, também, a empresa exerce, até hoje, papel fundamental.[49] E isso se deve à apreensão do conceito de empresa pelo chamado "institucionalismo jurídico".

O institucionalismo, no direito, ganhou relevo, sobretudo, com o aparecimento do conceito seminal de instituição proposto por Maurice Hauriou[50].

---

[48] Cf. FREDERIQ, Louis. *Traité de droit commercial belge*. Gand: Rombaut-Fecheyr, 1946. vol. 1, p. 22; VANRYN, Jean. *Principes de droit commercial*. Bruxelles: Bruylant, 1954. p. 12.

[49] Cf. RIPERT, Georges. *Traité élémentaire de droit commercial*. 2ª ed. Paris: LGDJ, 1951. p. 6.

[50] Notável tratar-se de conceito muitas vezes revisto pelo autor. Lançado primeiramente em seu *Précis de {droit administratif et de droit public*. 12ª ed. *Revue et mise au courant, par*

O institucionalismo jurídico se colocou à disposição para desvendar inúmeros aspectos da atuação do direito. A sua contribuição para a caracterização do fenômeno empresarial se deu notadamente no contexto das explorações intelectuais dirigidas à compreensão da pessoa jurídica e das organizações dedicadas à empresa, sobretudo às sociedades.

Não seria correto afirmar, a despeito de seu protagonismo, que o institucionalismo jurídico tenha ocorrido exclusivamente a Hauriou.

É o resultado do processo histórico-dialético de revelação de um conceito de pessoa jurídica que se iniciou no século XIX e para o qual contribuíram vários juristas.[51]

A instituição[52] é uma ideia de obra ou empresa que – amparada por manifestações de comunhão reguladas por um procedimento – realiza-se

---

André Hauriou. Paris: Sirey, 1933; revisto no *Précis de droit constitutionnel*. 2ª ed. Paris: Sirey, 1929, p. 611; e, mais uma vez, pouco antes de sua morte, reformulado em "La théorie de l'institution et de la fondation (Essai de Vitalisme Social)". *Cahier de la Nouvelle Journée*, Paris, n. 4, 1925; e reproduzido posteriormente como parte (n. I) da segunda parte do n. 23 da mesma publicação, sob o título de "Aux sources du droit: le pouvoir, l'ordre et la liberte". Essa última compilada juntamente com outros escritos em *Teoria dell'istituzione e della fundazione*. Milano: Giuffrè, 1967.

[51] Nesse sentido, é importante a narrativa de Saleilles acerca do institucionalismo como termo capaz de significar sua própria teoria de pessoa jurídica, mas também a de muitos outros juristas. "Si donc je voulais, pour me résumer, donner un nom à la thèse que je vous ai exposée, je lui donnerais celui de théorie institutionnelle. Elle dérive entièrement de l'idée de pouvoir en tant qu'il s'agit de l'élément caractéristique du droit subjectif, c'est-à-dire du fait d'une organization constituée en vue d'agir juridiquement, la volonté n'étant plus, dès lors, qu'un moyen au service de cette activité juridique, au lieu d'en être le but. Cette théorie comme je vous l'ai dit, je suis loin de l'avoir inventée. Elle vient en ligne directe des études magistrales de Gierke. Elle a été acceptée, et plus ou moins mise au point à des points de vue très divers, en France par MM. Hauriou e Michoud, je dirai même aussi implicitement par M. Duguit; je j'ajouterai pour l'Italie, quoiqu'il s'en défende, M. le professeur Ferrara. Je n'ai fait ici que refaire la synthèse de toutes ces idées.". Cf. SALEILLES, Raymond. *De la personnalité juridique*: histoires et théories. 2ª ed. Paris: Arthur Rousseau, 1922. p. 608. Cf. MICHOUD, Léon. *La théorie de la personalité morale et son application ao droit français*. 2ª ed. Premiere Partie. Paris: LGDJ, 1924.

[52] No que concerne à sua importância causal em relação ao direito: "Le istituzioni rapresentano nel diritto, come nella storia, la categoria della durata, della continuità e

ou permanece juridicamente em um meio social.[53] Sua realização decorre de um poder que se lhe atribui órgãos a dirigir as manifestações de comunhão que a amparam.

As formas de organização societária (i.e., a forma precípua de organização da empresa, que se dá por meio da constituição de uma sociedade), como instituições, são *ideias de obra grupal em proveito comum*,[54] que – através das *manifestações comunais*[55] do pensamento propagado nas memórias de um dado número de pessoas, movidas[56] pelo contato com a ideia comum – desde logo, adquirem uma individualidade social. Sua materialização decorre do exercício do *poder de governo organizado*,[57] obediente aos princípios da separação de poderes (para divisão funcional do trabalho de materialização das ideias) e do regime representativo (como forma de preservação da incolumidade da sua natureza grupal). Tais instituições (instituições-pessoas) são personificadas pela subjetividade inerente à ideia da obra.[58] A ideia se torna o sujeito da pessoa moral, que se efetiva no governo orgânico constituído.

---

del reale; l'operazione della loro fondazione costituisce il fondamento giuridico della società e dello Stato." Cf. HAURIOU, Maurice. *Teoria dell'istituzione e della fundazione*. Milano: Giuffrè, 1967, p. 6. "*La formation des institutions juridiques et des règles de droit est essentiellement coutumière e nous raporte à l'âge de la coutume* [...] *La formation coutumière des règles de droit et des institutions juridique est sous la dépendence de l'exercice répété des droits subjectifs et des reaction que cet exercice des droits suscite dans le milieu social* [...] Une fois terminée l'evolution coutumière par laquele fixe une institution juridique – celle-ci devient la forme sociale et objective selon laquelle les droits subjectifs peuvent être exercés." Cf. HAURIOU, Maurice. *Précis de droit constitutionnel*, cit., pp. 618-620.

[53] Cf. HAURIOU, Maurice. *Teoria dell'istituzione e della fundazione*. Milano: Giuffrè, 1967, p. 12.

[54] Cf. HAURIOU, Maurice. *Teoria dell'istituzione e della fundazione*. Milano: Giuffrè, 1967, pp. 14-19.

[55] Cf. HAURIOU, Maurice. *Teoria dell'istituzione e della fundazione*. Milano: Giuffrè, 1967, p. 22.

[56] No sentido afetivo-psicológico. Decorre da refração (identificação recíproca) de ideias comuns que se espraiam pelas muitas consciências.

[57] Cf. HAURIOU, Maurice. *Teoria dell'istituzione e della fundazione*. Milano: Giuffrè, 1967, pp. 19-21.

[58] Cf. HAURIOU, Maurice. *Teoria dell'istituzione e della fundazione*. Milano: Giuffrè, 1967, p. 13.

A personalidade jurídica decorre, por exemplo, de um procedimento que, tendo por objeto a ideia, divide-se em três fases: interiorização (apreensão da ideia e formação do pensamento que, por sua manifestação, agrega pessoas), incorporação (o movimento de materialização da ideia grupal) e personificação (a ideia grupal incólume, – i. e., correspondente ao seu pensamento manifestado – materializada e individualizada em corpo psicofísico).[59]

A ideia na instituição-pessoa é a própria obra ou empresa e o seu fim comum. O poder de organização, por outro lado, é regramento (fundamento jurídico) que determina apenas a incorporação e personificação da ideia. Do contrário, a instituição-pessoa seria autodeterminável, sem que se lhe impusesse qualquer disciplina a não ser o próprio poder de organização. Não seria aceitável um sistema jurídico-societário que prescinde da ordem jurídica.

Toda a disciplina da pessoa jurídica, das sociedades e da empresa que exercem são consequências da personificação, em vista de sua ocorrência histórica que precede a pessoa jurídica tanto como fenômeno, quanto como conceito.

As regras de direito também são instituições porque, como ideia, propagam-se e vivem no ambiente social. Vivem no corpo social, emprestando do Estado seu poder de império e gozando das manifestações comunitárias que no Estado se produzem.[60]

Qualquer instituição depende da ideia que emerge das muitas consciências e que se identifica em manifestações recíprocas no seio da sociedade. A ideia afeta a pessoa em si e o grupo em que se insere, haja vista a sua compreensão e o acolhimento individual e coletivo. Daí a legitimação do poder que se organiza para realizá-la.[61]

---

[59] Cf. HAURIOU, Maurice. *Teoria dell'istituzione e della fundazione*. Milano: Giuffrè, 1967, pp. 23-36.

[60] Cf. HAURIOU, Maurice. *Teoria dell'istituzione e della fundazione*. Milano: Giuffrè, 1967, p. 13.

[61] Cf. HAURIOU, Maurice. *Teoria dell'istituzione e della fundazione*. Milano: Giuffrè, 1967, p. 10.

A existência da instituição está, portanto, intimamente ligada à sua formação social. Depende do abrigo individual e coletivo de sua essência ideal. Não se realiza, porque não haverá poder para tanto, sem que aflore do consenso de base individual e coletiva.[62] Decorre disso o amparo das manifestações de comunhão por um procedimento e o poder organizado a que se incumbe sua realização.

Assim, se, por um lado, a fundação do Estado e das regras jurídicas encontra fundamentos fora do direito, de outro lado, seus fundamentos são também fundamentos de direito.[63]

As instituições nascem a partir de uma operação de fundação que lhes confere fundamento jurídico. Vivem uma vida objetivo-subjetiva graças à repetidas operações jurídicas de governo e administração (vinculadas a um procedimento). Extinguem-se através de operações jurídicas de dissolução ou de abrogação.[64]

As instituições têm, portanto, sua existência condicionada à fundação – como fundamento jurídico – mas também a um consenso de natureza intelectual. Afirmam-se da conjunção da ideia grupal e da operação de fundação.

A ideia grupal escora-se em argumentos, em razões. Deles decorre a ideia de empresas, dos fenômenos correspondentes à empresa e das regras jurídicas que os disciplinam.

O aparecimento, na Alemanha, do chamado institucionalismo publicista decorre da imposição de funções sociais à macroempresa como tipo de instituição-pessoa.

Em verdade, tais funções sociais condicionariam – se insertas no contexto do institucionalismo de Hauriou – toda a ideia dessa instituição-pessoa, sua própria interiorização e, via de consequência, sua incorporação e personificação.

---

[62] Nesse sentido, os comentários de Ronaldo Porto Macedo Jr. em. *Carl Schmitt e a fundamentação do direito*. Rio de Janeiro: Borsoi, 2001. p. 82.

[63] Cf. HAURIOU, Maurice. *Teoria dell'istituzione e della fundazione*. Milano: Giuffrè, 1967, p. 12.

[64] Cf. HAURIOU, Maurice. *Teoria dell'istituzione e della fundazione*. Milano: Giuffrè, 1967, p. 13.

O institucionalismo publicista remonta à doutrina do *Unternehmen an sich*, expressa, no final da primeira guerra mundial, pelo economista e homem de negócios alemão, Walther Rathenau.[65]

Rathenau, explicitando a importância da macroempresa para toda a sociedade, propôs reformas em sua disciplina para, de antemão, cassar-lhe a condição de instrumento exclusivo de satisfação de interesses dos acionistas,[66] que lhe seria insistentemente atribuída, a partir da década de 60, pelo contratualismo italiano.

Contrapôs-se, então, à ideia tradicional de que a empresa, em particular a macroempresa organizada sob a forma de sociedade anônima, fosse apenas um mecanismo de satisfação de interesses dos acionistas (seja pela otimização de seus direitos sobre os resultados da empresa,[67] seja pela maximização do valor de venda de suas ações).[68]

Essa não era, por certo, uma concepção isolada.

Léon Duguit já havia, em 1911,[69] falado de "la proprietè fonction sociale".[70]

---

[65] Cf. RATHENAU, Walther. *Vom Aktienwesen*: Eine Geschäftlische Betrachtung, Berlin: Fischer Verlag, 1917.

[66] "Auch dem Wesen der Unternehmung wird nicht die Verstärkung des privatwirtschaftlichen Gedankens beschiedens sein, sondern die bewußte Einordnung in die Witschaft der Gesamtheit, die Durchdringung mit dem Geiste der gemeinverantwortlichkeit und des Staatswohls." Cf. RATHENAU, Walther. *Vom Aktienwesen*: Eine Geschäftlische Betrachtung, Berlin: Fischer Verlag, 1917, p. 62.

[67] Cf. JAEGER, Pier Giusto. *L'interesse sociale*. Milano: Giuffrè, 1964, p. 89; SCOTTI-CAMUZZI, S. "L'unico azionista". *In: Trattato delle società per azioni*. Torino: *UTET*, 1991. vol 2, p. 782.

[68] Cf. JAEGER, Pier Giusto. Interesse sociale rivisitato (quarent'anni doppo). *Giurisprudenza Commerciale*, Milano, vol. 1, p. 805, 2000.

[69] Trata-se de conferência, a última de uma série de seis, proferida em Buenos Aires, em setembro de 1911. Cf. DUGUIT, Léon. *Le transformations générales du droit privé depuis le Code Napoleón*. 2ª ed. Paris: Felix Alcan, 1920, p. 147 . Entre nós, é notória a opinião de Fábio Konder Comparato, com ressalvas às suas fundadas preocupações acerca da inconveniente transferência de funções próprias do Estado ao controlador e à empresa. Cf. "Função social da propriedade dos bens de produção". *Revista de Direito Mercantil, Industrial, Econômico e Financeiro*, São Paulo, vol 25, n. 63, p. 71-79, jul./set de 1986. "Estado, empresa e função social". *Revista dos Tribunais*, São Paulo, vol 85, n. 732, p. 38, out. 1996.

[70] Idéia semelhante, no que concerne à função social da propriedade, já havia sido

No contexto de seu ultraobjetivismo, Duguit propôs uma transformação geral da concepção jurídica de propriedade, que deixava de ser direito subjetivo do proprietário, para se tornar função social do detentor da riqueza.

O conceito foi transposto pelo institucionalismo publicista como verdadeira restrição ao exercício do poder de controle, já que a empresa também deve atender a uma função social.

Rathenau, por meio de análise econômica da macroempresa, explicitou o interesse público em sua existência.[71]

Interesse público que passa a compor os interesses da própria empresa (*Unternehmensinteresse*), mesmo que eventualmente distinto das ambições particulares de seus acionistas.

Rathenau viu no órgão de administração da sociedade por ações a neutralidade necessária para que se desse o alcance das funções econômicas e do interesse público centrado na empresa.

Observados sob o prisma do institucionalismo de Hauriou, os argumentos de Rathenau sugerem uma nova ideia de empresa, que pretende transformar a "velha" sociedade por ações (simples mecanismo de geração de lucros para os acionistas, i.e., *Privatsache*) em um novo tipo de instituição-pessoa (voltada para o atendimento de interesses públicos, i.e., *Gemeinschaftssache*).

---

proposta pelos Fisiocratas. Cf. HUGON, Paul. *História das doutrinas econômicas*. 6ª ed. São Paulo: Atlas, 1959. p. 118.

[71] "Die Großunternehmung ist heute überhaupt nicht mehr lediglich ein Gebilde privatrechtlicher Interessen, sie ist viermehr, sowohl einzeln wie ihrer Gesamtzahl, ein nationalwirtschaftlicher, der Gesamtheit angehöriger Faktor, der zwar aus seiner Herkunft, zu Recht oder zu Unrecht, noch die privatwirtschaftlichen Züge des reinen Erwerbsunternehmens trägt, während er längst und in steigenden Maße öffentlichen Interessen dienstbar geworden ist und hierdurch sich ein neues Daseinsrecht geschafen hat. Seine Fortbildung im gemeinwirtschaftlichen Sinne ist möglich, seine Rückbildung zur rein privatwirtschaflichen Bindung oder seine Aufteilung in keine Privatpartikel ist undenkbar." Cf. RATHENAU, Walther. *Vom Aktienwesen*: Eine Geschäftlische Betrachtung, Berlin: Fischer Verlag, 1917, p. 38.

Natural que se pense, nesse sentido, que a função social da empresa, como elemento existencial desse novo tipo de instituição-pessoa, condiciona sua fundação e, consequentemente, sua personificação.

A importância da doutrina (*Unternehmen an sich*) para a fundação de instituição-coisa, até que entrasse em crise a arrefecer – a partir da década se 60[72] – seu demasiado tom publicista, pode ser constatada nas reformas da *Aktiengesetz* de 1937 e em todas as leis que introduziram a participação operária nos órgãos de direção.[73] E mesmo mitigado seu rigor, não deixaria, até hoje, de influenciar toda a ideia de gestão e controle da macroempresa, para se falar em sua responsabilidade social para com seus dependentes (*corporate constituency groups*).[74]

A forte influência das teses institucionalistas, a exemplo do institucionalismo de Hauriou, forçou, por fim, o reconhecimento de que o direito comercial é, e sempre foi, um direito das atividades econômicas que, essencialmente móveis, não impedem seja, em qualquer tempo e lugar, desenvolvido com base nas tendências contratuais,[75] estatutárias[76] e institucionais.

O elemento institucional apresentou-se, nas palavras de VanRyn, como o mais importante, compreendendo todas as combinações nascidas da prática dos negócios como instrumentos indispensáveis da vida econômica moderna.

---

[72] Para uma análise compreensiva da trajetória dessa doutrina, Cf. RIECHERS, Arndt. *Das "Unternehmen an Sich"*. Tübingen: J.C.B. Mohr (Paul Siebeck), 1996.

[73] A *Gesetz über die Mitbestimmung der Arbeitnehmer in die Aufsichtsraten und Vorstanden der Unternehmen des Berghaus und der Eisen und Stahl erzeugende Industrie (MontaMitbestG* 1951), a *Betriebsverfassungsgesetz* de 1952 e a *gesetz über die Mitbestimmung derArbeitnehmer (MitbestG)* de 1976.

[74] Cf. ANGEL GALLO, Miguel. *Responsabilidades sociales de la empresa.* Pamplona: Ediciones Universidad de Navarra, 1980; KAUFMAN, Allen; ZACHARIAS, Lawrence; KARSON, Marvin. *Managers vs. Owners*: the struggle for corporate control in American democracy. New York: Oxford University Press, 1995. p. 80.

[75] O elemento contratual é constituído pelas regras aplicáveis às operações comerciais de formação voluntária.

[76] Compreende as regras que traçam o quadro no qual se desenvolvem as atividades econômicas.

Esses instrumentos são mecanismos da vida econômica que se traduzem em direito por um conjunto de instituições comerciais, sejam instituições-coisas (a regra jurídica, a limitação de responsabilidade etc.), sejam instituições-pessoas (a sociedade por ações, a sociedade limitada, etc.).[77]

A reforma encabeçada pelo direito italiano seria em breve acompanhada por novos expoentes do direito comercial francês, a exemplo de Georges Ripert,[78] a sugerir uma modalidade revigorada de sistema subjetivo. Não se tratou, especialmente por seu desprezo à extrema variabilidade de profissões, de defender um direito profissional nos moldes do *Code de Commerce*, mas sim um direito das empresas, centrado, simultaneamente, em características compartilhadas pelas empresas como atividade econômica e em suas distinções e peculiaridades.

Nisso tudo, em especial no direito italiano, inspirou-se o nosso Código Civil, onde a norma do artigo 966, assim como a do artigo 2082 do *Codice Civile*, não conceitua a empresa, senão por meio da definição de empresário.

Entre nós, a empresa, para além de todas as funções regulatórias já referidas, proveu, em meio à suposta unificação do direito privado, uma especialização mínima, indispensável à distinção de fenômenos econômicos e de sua disciplina jurídica.

A empresa é a atividade econômica que decorre da organização e do emprego de elementos de produção, pelo empresário (individual ou sociedade empresária), em caráter profissional, para a produção ou à circulação de bens e de serviços, nos mercados.

A ideia de afetação empresarial serve para distinguir, nesse contexto, como se disse, de todos os demais, os fenômenos econômicos sujeitos a um regramento particular.[79]

---

[77] Voltarei adiante sobre a importância do institucionalismo ao enquadramento do fenômeno empresarial.

[78] Cf. RIPERT, Georges. *Traité élémentaire de droit commercial.* 2ª ed. Paris: LGDJ, 1951, p. 6.

[79] Cf. BROSETA PONT, Manuel. *La empresa, la unificacion del derecho de obligaciones y el derecho mercantil*, Madrid, Editorial Tecnos, 1965.

A jurisdicização da empresa e o seu emprego como técnica regulatória ofertavam, para além de ampla cobertura da atividade econômica, um providencial efeito reflexo, capaz de superar a controvérsia original entre as concepções subjetiva e objetiva.

A vertente subjetivista mais antiga e de inspiração corporativa tinha no direito comercial uma disciplina jurídica de classe profissional.[80]

O objetivismo, defendido por autores do século XIX, restringia a atuação do direito comercial ao regramento dos atos de comércio.[81]

A noção de ato de comércio, de um lado, seria – no contexto da empresa – absorvida pela ideia de atividade e, de outro lado, o foco das atenções deixaria de ser a conduta do comerciante, substituído pelo empresário.

Em verdade, foi a natureza multifária e polissêmica da empresa que pacificou a antiga disputa pelo objeto do direito comercial (não sem ensejar, como veremos, novas controvérsias); a amplitude e plasticidade conceitual da empresa abrangeu todos os objetos programáticos até então atribuídos ao direito comercial.

É certo que a transposição de tonicidade de um perfil a outro, especialmente a pendularidade subjetivo-funcional, proveria argumentos para acusações de uma superação putativa das velhas concepções subjetiva e objetiva.[82]

Mas a teoria da empresa, a teoria que se desenvolveu e se assentou sobre a empresa (plasmada em uma disciplina jurídica posta, a exemplo

---

[80] Cf. BRACCO, Roberto. *L'impresa nel sistema del diritto commerciale*. Padova: CEDAM, 1960, p. 26.

[81] Sobre o processo de "objetivação" e expansão do direito comercial, intrinsecamente relacionado com a Revolução Industrial e a produção em massa, cf.
ASCARELLI, Tullio. *Iniciación al estudio del derecho mercantil*, *Apud:* AUBERT, Cécile; REY, Patrick; KOVACIC, William E. "The impact of leniency and whistle-blowing programs on cartels". *In: Economics Papers from University Paris Dauphine*, Paris Dauphine University, 2006, p. 101.

[82] Cf. FANELLI, Giuseppe. *Introduzione alla teoria giuridica dell'impresa*. Milano: Giuffrè, 1950.

da inserta em nosso ordenamento), no seu sentido geralmente aceito, desvencilhou-se dessa crítica.

O sujeito ativo da atividade empresarial, aquele que – sob o aspecto criativo – apresenta-se como seu protagonista, é, o organizador dos vários fatores de produção.[83]

A apropriação preliminar desses fatores de produção, amplamente descrita e classificada por Weber,[84] é o pré-requisito essencial à existência do empresário.

Em verdade, o empresário é aquele que – tendo-se apropriado dos fatores de produção (e.g., terra, trabalho e capital) – organiza-os (deles faz uso e eventualmente dispõe, agindo como seu "dono") para exercer a empresa.[85]

A apropriação desses fatores de produção associada ao gênio criativo,[86] necessário para conceber a organização de uma atividade econômica, torna legítimo ao empresário aproveitar-se diretamente dos resultados da empresa.

Nos casos em que o empresário é exclusivamente uma sociedade, os dividendos devidos aos sócios prestam-se a adimplir créditos decorrentes da transferência de propriedade de meios de produção essenciais

[83] Cf. GHIDINI, Mario. *Disciplina giuridica dell'impresa.* Milano: Giuffrè, 1950. p. 2. Por esse motivo, Louis Baudin afirma que a empresa é o lugar de coordenação dos fatores de produção. Cf. BAUDIN, Louis. *Manuel d'économie politique I.* 5ª ed. Paris: LGDJ, 1947, p. 153.

[84] Cf. WEBER, Max. *Economia y sociedad*: esbozo de sociología comprensiva. México: Fondo de Cultura Económica, 1987, p. 102.

[85] A ideia do empresário como organizador dos fatores de produção não é em nada dissonante do conceito estabelecido pelo artigo 966 do nosso Código Civil. Em verdade, faz qualificar, mesmo que de maneira parcial, o conteúdo da empresa como atividade econômica organizada, não apenas em função de seus fins – a exemplo do que se dá no texto de lei – mas especialmente por seus meios.

[86] Acerca do elemento criativo associado à figura do empresário, cf. RATHENAU, Walther. *Vom Aktienwesen*: Eine Geschäftlische Betrachtung. Berlin: Fischer Verlag, 1917.

ao exercício da empresa.[87] Pelo mesmo motivo, independendo da forma de organização jurídica da empresa, o empresário deverá remunerar o trabalho.[88] Essa destinação obrigatória de parte dos resultados da empresa é o que torna legítima, em um estado de direito, a "apropriação" dos meios de produção e a própria atividade empresarial.

O problema da dissociação entre titularidade e direção da empresa, a inviabilizar a função organizativa como forma de qualificar o empresário, a despeito de efetivo nos casos de incapacidade (cf. artigos 974 e 975 do Código Civil), tem, entre as pessoas jurídicas, todavia, manifestação condicionada à pretensa natureza da relação que se estabelece entre administradores e sociedade.[89]

Diante de uma interpretação orientada por uma teoria orgânica, é certo que não se deve aventar tal distinção. E mesmo, em se tratando de representação, não se pode dizer que o representante dirige a empresa, já que age em nome e por conta do representado.[90]

Por isso, no caso do administrador, à exceção dos "administradores-sócios" das sociedades de pessoas,[91] é pouco provável que sua responsabilidade tenha fundamento na condição de empresário.

No que concerne aos sócios, quando há alienação das entradas de capital, sem retenção de poderes de disposição – o que os desqualifica

---

[87] Ghidini explica: "Sotto il profilo economico, l'impreditore non si identifica nè col capitale nè col lavoro, ma si pone come organizzatore di capitali altrui – *Fremdkapital* – e di lavoro di altru". Cf. GHIDINI, Mario. *Disciplina giuridica dell'impresa.* Milano: Giuffrè, 1950, p. 4.

[88] Nesse sentido, cf. MÜLLER-ERZBACH, Rudolf. *Deutsches Handelsrecht.* Tübingen: J.C.B. Mohr (P. Siebech), 1928. S. 72; GRAZIANI, Alessandro. *Impresa e imprenditore.* Napoli: Morano, 1959. p. 21.

[89] Para uma precisa exposição das doutrinas dominantes, cf. CORREIA, Luís Brito. *Os administradores de sociedades anônimas.* Coimbra: Almedina, 1993.

[90] Cf. WARDE, Walfrido. "O negócio jurídico da comissão mercantil sob a luz da teoria da representação imperfeita: repercussões na órbita da responsabilidade contratual". *Revista dos Tribunais*, vol. 85, n. 732, p. 57, out. 1996.

[91] Cf. as exigências do artigo 1.042 do Código Civil brasileiro.

como empresários – não se poderá falar de responsabilidade. De outro modo, imputasse responsabilidade a eles nos casos em que a titularidade da empresa é compartilhada com a sociedade – em virtude da organização conjunta dos fatores de produção – ou é atribuída isoladamente a um, a alguns ou a todos os sócios, pela "apropriação", ou inadequada alienação desses fatores.[92]

O elemento semântico exerce o papel de zelar para que a ocorrência de um conjunto de fatos determine a incidência da norma e, portanto, desencadeie consequências jurídicas desejadas pelo legislador. É um conector.

A definição de um sentido para a palavra empresa e, nesse contexto, o próprio alargamento do sentido explicam as finalidades da técnica, ou seja, da empresa como técnica de regulação total. Uma técnica que submete ao jugo estatal um amplíssimo espectro de fatos, de acontecimentos que caracterizam, em última análise, o que se pode chamar de fenômeno empresarial.

O fenômeno empresarial é (ou deve ser), em parte ou no todo, a hipótese legal das normas concebidas a disciplinar a empresa.

Uma perene reflexão sobre o fenômeno empresarial, suas constantes mutações e especializações, será indispensável à utilidade da empresa enquanto técnica regulatória.

Atualizações do sentido de empresa, que correlacionem a palavra a novos fatos, são reformas do elemento semântico, que impedem um descompasso entre a porção da ciência objetiva do direito destacada ao regramento da empresa e os desígnios das Políticas de Direito e de Estado.

Essa é a primeira reforma determinada por uma reflexão perene acerca do complexo de acontecimentos que corresponde ao fenômeno empresarial.

---

[92] Verificaremos, oportunamente, que a alienação inadequada (ou insuficiente) das entradas de capital insere-se na noção de "apropriação" a que nos referimos.

A segunda é a que se põe sobre os suportes fáticos, por força da evolução constatada do fenômeno empresarial. E, por fim, a terceira é aquela que ajusta as consequências legais em razão de ajustes feitos nos suportes fáticos, com o que poderá se caracterizar uma inflexão nas Políticas do Direito e do Estado.

O estudo do fenômeno empresarial em suas mais diversas dimensões é um trabalho incessante, que se desenvolve não apenas por meio dos pensamentos jurídico e econômico, mas também sociológico, histórico, psicológico etc.

O fenômeno empresarial corresponde a uma intrincada e complexa rede de relações nos sistemas sociais; cortes epistemológicos são necessários à compreensão de porções dessas complexas realidades, à produção de representações dessas realidades, mas jamais serão capazes de isoladamente esgotá-los, sob as pretensões de um indesejável reducionismo. O fenômeno empresarial não é apenas, portanto, um fenômeno jurídico ou econômico. Precisa ser estudado em sua complexidade, justamente para que essa reflexão produza elementos úteis à atualização de sua disciplina jurídica. Do contrário, a disciplina jurídica não irá aparelhar adequadamente os interesses das Políticas do Direito e do Estado que a instruem.

Tudo o que se explicou neste trabalho reafirma a importância da empresa como técnica de regulação total, como uma técnica regulatória indispensável à concreção de fins estatais, aos quais o Direito da Conformidade, por meio dos processos de imputação de responsabilidade por danos à Administração Pública e os acordos de leniência trazem novos e revolucionários influxos. A compreensão dessa realidade se submete, de mesmo modo, à importância de bem compreender que o emprego da empresa para a afirmação dos desígnios do Direito da Conformidade pressupõe cuidados indispensáveis à sua preservação, à luz da importância que ostenta nos sistemas econômicos e sociais e da dependência que estabelece em relação aos grupos de interesse que em seu entorno gravitam.

É, em suma, necessário que a empresa instrumentalize a conformidade sem que essa nova tarefa a destrua.

CONCLUSÕES

O desenvolvimento das reflexões postas neste trabalho permite concluir que:

1. Há fundadas razões para crer que emergiu uma nova rama do Direito, o Direito da Conformidade;

2. O Direito da Conformidade tem como elemento central, em razão do qual desdobram-se outros elementos, o acordo de leniência;

3. O acordo de leniência contempla em si a promoção dos fins programáticos do Direito da Conformidade, quais sejam: (*i*) a coleta de provas e, portanto, a detecção de atos danosos à Administração Pública; (*ii*) a oferta de vias de salvamento e de soluções de continuidade para empresas que praticaram atos danosos contra a Administração Pública; (*iii*) expurgar a impunidade, para garantir a indenização ao erário e a punição pecuniária dos infratores por meio da imposição de multas; e (*iv*) promover uma cultura de integridade, para preventivamente dissuadir atos de desconformidade;

4. O Direito da Conformidade caracteriza uma revolucionária ampliação de escopos da empresa, em especial para reconfigurar a disciplina jurídica de suas formas de organização.

REFERÊNCIAS BIBLIOGRÁFICAS

LIVROS

ALBUQUERQUE, Mario André Santos. *O papel do Tribunal de Contas da União nos Acordos de Leniência firmados sob a égide da Lei 12.846, de 1º de agosto de 2013*. Disponível em: https://portal.tcu.gov.br/biblioteca-digital/o-papel-do-tribunal-de-contas-da-uniao-nos-acordos-de-leniencia-firmados-sob-a-egide-da-lei-12-846-de-1-de-agosto-de-2013.htm.

ANGEL GALLO, Miguel. *Responsabilidades sociales de la empresa*. Pamplona: Ediciones Universidad de Navarra, 1980.

ANÔNIMO. *Compendio De Las Antiguedades Romanas En Que Se Manifiesta El Establecimiento De La Ciudad De Roma, Su Gobierno, Dignidades, Magistrados, Senado, Asambleas, Erarios, Ministros*. South Carolina: Nabu Press, 2011.

ASCARELLI, Tullio. *Iniciación al estudio del derecho mercantile*. *Apud:* AUBERT, Cécile; REY, Patrick; KOVACIC, William E. "The impact of leniency and whistle-blowing programs on cartels". *In: Economics Papers from University Paris Dauphine*. Paris Dauphine University, 2006.

BARBOSA MOREIRA, José Carlos. Julgamento e ônus da prova. *In:* BARBOSA MOREIRA, José Carlos. *Temas de Direito Processual: segunda Série*. São Paulo: Saraiva, 1988; BORRELL, Joan-Ramón; JIMÉNEZ, Juan Luís; ORDÓNEZ, José. Manuel. "Redefiniendo los incentivos a la collusion: el programa de Clemencia". *In: ICE: Revista de Economia*, 2014.

BAUDIN, Louis. *Manuel d'économie politique I*. 5ª ed. Paris: LGDJ, 1947.

BETTI, Emilio. *Dirito Processuale Civile Italiano.* 2ª ed. Roma: Foro Italiano, 1936.

BORRELL, Joan-Ramón; GARCÍA, Carmén; JIMÉNEZ, Juan Luís. "Evaluating Antitrust Leniency Programs". *In: Journal of Competition Law & Economics*, vol. 10, 2003.

BRACCO, Roberto. *L'impresa nel sistema del diritto commerciale.* Padova: CEDAM, 1960.

BRESOLIN, Umberto. *Efeitos da Revelia no Processo Civil de Conhecimento.* Dissertação (Mestrado) – USP, 2004.

BROSETA PONT, Manuel. *La empresa, la unificacion del derecho de obligaciones y el derecho mercantil*, Madrid: Editorial Tecnos, 1965.

CAMPOS, Pedro Henrique Pedreira. *Entranhas catedrais: as empreiteiras brasileiras e a Ditadura Civil-Militar 1964-1988.* Niterói: EdUFF, 2014.

CHEN, Zhijun; REY, Patrick. "On the Design of Leniency Programs". *In:* Journal of Law and Economics, vol. 56, 2013.

CHIOVENDA, Giuseppe. "I Rapporti Processuali – il Rapporto Processuale Ordinario di Cognizione". *In: Istituzioni di Diritto Processuale Civile.* 2ª ed. Napoli: Jovene, 1936.

COMPARATO, Fabio Konder. "Função social da propriedade dos bens de produção". *Revista de Direito Mercantil, Industrial, Econômico e Financeiro.* São Paulo: vol. 25, n. 63, p. 71-79, jul./set. 1986; "Estado, empresa e função social". *Revista dos Tribunais.* São Paulo: vol. 85, n. 732, p. 38, out. 1996.

CORREIA, Luís Brito. *Os administradores de sociedades anônimas.* Coimbra: Almedina, 1993.

DAWES, Robyn M; MCTAVISH, Jeanne; SHAKLEE, Harriet. "Behavior, Communication and Assumptions About Other People's Behavior in a Commons Dilemma Situation". *In: Journal of Personality & Social Psychology*, vol. 35, 1977.

DELRAHIM, Makan. "Antitrust Enforcement Priorities and Efforts towards international Cooperation at the U.S. DoJ". *In: U.S. Department of* Justice. 2004. Disponível em: http://www.usdoj.gov.

DEUTSCH, Morton. "Trust and Suspicion". *In: Journal of Conflict Resolution*, vol. 2, p. 265, 1957; SIMÃO, V, PONTES VIANNA, M. *O Acordo de Leniência na Lei Anticorrupção: histórico, desafios e perspectivas*. São Paulo: Trevisan, 2017.

DUGUIT, Léon. *Le transformations générales du droit privé depuis le Code Napoleón*. 2ª ed. Paris: Felix Alcan, 1920.

FANELLI, Giuseppe. *Introduzione alla teoria giuridica dell'impresa*. Milano: Giuffrè, 1950.

FREDERIQ, Louis. *Traité de droit commercial belge*. Gand: Rombaut-Fecheyr, 1946.

FREITAS RANGEL, Rui Manuel de. *O ónus da prova no processo civil*. Coimbra: Almedina, 2000.

GAHAGAN, James P; TEDESCHI, James. T. "Strategy and the Credibility of Promises in the Prisoner's Dilemma Game". *In: Journal of Conflict Resolution*, vol. 12, 1968.

GAMBETTA, Diego. *Making and Breaking Cooperative Relations*. Oxford: Basil Blackwell, 1988; WILEY JR, John Sheppard. "Reciprocal Altruism as a Felony: Antitrust and the Prisoner's Dilemma". *In: Michigan Law Review*, vol. 86, 1988.

GRAZIANI, Alessandro. *Impresa e imprenditore*. Napoli: Morano, 1959.

GASPARRINI PIANESI, Daniela. *La responsabilità administrativa per danno all'erario*. Milano: Giuffrè, 2004.

GONZALEZ, Aldo. "Conceptos y aplicación de la delación compensada en la persecución de los cartels". *In: Revista Expansiva, Serie en foco*, n. 100, 2007.

GRUNER, Richard. "Avoiding Fines Through Offense Monitoring, Detection, and Disclosure: The Race for Amnesty". *In: P.L.I. CORP.*, vol. 1230, 2001.

GHIDINI, Mario. *Disciplina giuridica dell'impresa*. Milano: Giuffrè, 1950.

HAMMOND, Scott. D. "Detecting and Deterring Cartel Activity Through an Effective Lenience Program". *In: U.S. Department of* Justice. 2000. Disponível em: http://www.usdoj.gov.

HAURIOU, Maurice. *Précis de droit administratif et de droit public.* 12ª ed. Revue et mise au courant, par André Hauriou. Paris: Sirey, 1933.

HAURIOU, Maurice. *Précis de droit constitutionnel.* 2ª ed. Paris: Sirey, 1929.

HAURIOU, Maurice. "La théorie de l'institution et de la fondation (Essai de Vitalisme Social)". *Cahier de la Nouvelle Journée.* Paris, n. 4, 1925.

HAURIOU, Maurice. *Teoria dell'istituzione e della fundazione.* Milano: Giuffrè, 1967.

HUGON, Paul. *História das doutrinas econômicas.* 6ª ed. São Paulo: Atlas, 1959.

JAEGER, Pier Giusto. *L'interesse sociale.* Milano: Giuffrè, 1964.

JAEGER, Pier Giusto. Interesse sociale rivisitato (quarent'anni doppo). *Giurisprudenza Commerciale.* Milano, vol. 1, 2000.

KAUFMAN, Allen; ZACHARIAS, Lawrence; KARSON, Marvin. *Managers vs. Owners*: the struggle for corporate control in American democracy. New York: Oxford University Press, 1995.

KLAWITER, Donald. C. "After the Deluge: The Powerful Effect of Substantial Criminal Fines, Imprisonment, and Other Penalties in the Age of International Cartel Enforcement". *In: George Washington Law Review*, vol. 69, 2001.

LESLIE, Christopher. R. "Antitrust Amnesty, Game Theory, and Cartel Stability". *In: Journal of Corporation Law*, vol. 31, 2006.

LESLIE, Christopher. R. "Trust, Distrust, and Antitrust". *In: Texas Law Review*, vol. 82, 2004.

LIEBMAN, Enrico Tullio. "Sull'Onore della Prova". *In: Estudios jurídicos en memória de Eduardo J. Couture.* Montevidéu: Altuna, 1957.

MICHOUD, Léon. *La théorie de la personalité morale et son application ao droit français.* 2ª ed. Paris: LGDJ, 1924.

MILLER, Geoffrey. P. *The Law of Governance, Risk Management, and Compliance.* 2ª ed. New York: Wolter Kluwer, 2019.

MÜLLER-ERZBACH, Rudolf. *Deutsches Handelsrecht.* Tübingen: J.C.B. Mohr (P. Siebech), 1928.

NERY JR., Nelson; ANDRADE NERY, Rosa Maria. *Código de Processo Civil Comentado e a Legislação Processual Civil Extravagante*. 3ª ed. São Paulo: Revista dos Tribunais, 1997.

NETTER, Oskar. "Zur aktienrechtlichen Theorie des 'Unternehmens an sich'". *JWI*, p. 2953-2956, 1927; "Gesellschaftsinteresse und Interessenpolitik in der Aktiengesellschaft. *Bank-Archiv*, vol. 30, 1930-1931.

RATHENAU, Walther. *Vom Aktienwesen*: Eine Geschäftlische Betrachtung. Berlin: Fischer Verlag, 1917.

RIECHERS, Arndt. *Das "Unternehmen an Sich"*. Tübingen: J.C.B. Mohr (Paul Siebeck), 1996.

RIPERT, Georges. *Traité élémentaire de droit commercial*. 2ª ed. Paris: LGDJ, 1951.

SALEILLES, Raymond. *De la personnalité juridique*: histoires et théories. 2ª ed. Paris: Arthur Rousseau, 1922.

SCOTTI-CAMUZZI, S. "L'unico azionista". *In: Trattato delle società per azioni*. Torino: UTET, 1991.

SPAGNOLO, Giancarlo. "Divide et Impera: Optimal Leniency Programs". *In*: *CEPR Discussion Paper N*. 4840, 2005

SPRATLING, Gary. R. "Detection and Deterrence: Rewarding Informants for Reporting Violations". *In: George Washington Law Review*, vol. 69, 2001.

SPRATLING, Gary. R. "The Corporate Leniency Policy: Answers to Recurring Questions". *In: U.S. Department of* Justice, 1998. Disponível em: http://www.usdoj.gov.

TULLOCK, Gordon. "The Prisoner's Dilemma and Mutual Trust". *In:* Ethics, vol. 77, 1967.

VANRYN, Jean. *Principes de droit commercial*. Bruxelles: Bruylant, 1954.

VERDE, Giovanni. *L'Onere della Prova nel Processo Civile*. Camerino: Jovene, 1974.

WARDE, Walfrido. "O negócio jurídico da comissão mercantil sob a luz da teoria da representação imperfeita: repercussões na órbita da responsabilidade contratual". *Revista dos Tribunais*, São Paulo, vol. 85, n. 732, out. 1996.

WARDE, Walfrido; BAYEUX NETO, José Luís. "A metadogmática do Direito Comercial brasileiro", 2015. Disponível em: https://www.conjur.com.br/2015-out-12/metadogmatica-direito-comercial-brasileiro-parte.

WARDE, Walfrido; BERCOVICI, G., SIQUEIRA NETO, José Francisco. *Um Plano de Ação para o Salvamento do Projeto Nacional de Infraestrutura*. São Paulo: Contracorrente, 2015.

WARDE, Walfrido. "Teoria Geral da Empresa". *In: Tratado de Direito Empresarial*, 2ª ed. São Paulo: RT, 2018.

WARDE, Walfrido. *O espetáculo da corrupção*: como um sistema corrupto e o modo de combatê-lo estão destruindo o país. Rio de Janeiro: Leya, 2018.

WEBER, Max. *Economia y sociedad*: esbozo de sociología comprensiva. México: Fondo de Cultura Económica, 1987.

ARTIGOS EM JORNAIS E EM SÍTIOS ELETRÔNICOS

DANTAS, Bruno. *Acordos de leniência e os limites de atuação de cada órgão*. Disponível em: https://www.conjur.com.br/2017-dez-28/bruno-dantas-acordos-leniencia-limites-atuacao-orgaos.

SIMÃO, Valdir; WARDE, Walfrido. "Qual leniência?". *Valor Econômico*. Disponível em: https://www.valor.com.br/colunistas/Valdir%20Sim%C3%A3o%20e%20Walfrido%20Warde%20Jr./coluna

SIMÃO, Valdir. "Qual é o dano?". *Folha de São Paulo*. Disponível em: https://www1.folha.uol.com.br/opiniao/2018/07/valdir-simao-qual-e-o-dano.shtml.

WARDE, Walfrido. "Para evitar o colapso do país". *Folha de São Paulo*. Disponível em: https://www1.folha.uol.com.br/paywall/signup.shtml?https://www1.folha.uol.com.br/opiniao/2015/11/1702328-para-evitar-o-colapso-do-pais.shtml;

WARDE, Walfrido. "Quebra de empreiteiras da Lava jato trará risco sistêmico ao país". *Estadão*. Disponível em: https://politica.estadao.com.br/noticias/geral,quebra-de-empreiteiras-trara-risco-sistemico--imp-,1785945.

WARDE, Walfrido. "Como punir os criminosos da Lava jato sem destruir as empresas". *Carta Capital*. Disponível em: https://www.cartacapital.com.br/

economia/como-punir-os-criminosos-da-lavajato-sem-destruir-as-empresas-6080/.

WIZIACK, Julio. NERY, Natuza. "Governo prepara plano para obter R$ 15 bi de empresas da Lava Jato". *Folha de São Paulo*. Disponível em: https://www1.folha.uol.com.br/mercado/2015/08/1673672-governo-prepara-plano-para-obter-r-15-bi-de-empresas-da-lavajato.shtml.

DOCUMENTOS GOVERNAMENTAIS

DEBATES NA COMISSÃO MISTA DO CONGRESSO NACIONAL QUE TRATOU DA MEDIDA PROVISÓRIA 784/17, ANTECEDENTE À REFERIDA LEI N. 13.506. Disponível em: https://www.camara.leg.br/noticias/521235-comissao-faz-hoje-ultimo-debate-sobre-mp-que-institui-acordo-de-leniencia-no-sistema-financeiro/

GUIA DE LENIENCIA DO CADE. Disponível em: http://www.cade.gov.br/acesso-a-informacao/publicacoes-institucionais/guias_do_Cade/guia_programa-de-leniencia-do-cade-final.pdf.

MANUAL PRÁTICO DE AVALIAÇÃO DE PROGRAMA DE INTEGRIDADE EM PAR. Disponível em http://www.cgu.gov.br/Publicacoes/etica-e-integridade/arquivos/manual-pratico-integridade-par.pdf

MANUAL PRÁTICO DE CÁLCULO DE MULTA NO PROCESSO ADMINISTRATIVO DE RESPONSABILIZAÇÃO. Disponível em: https://www.cgu.gov.br/Publicacoes/responsabilizacao-de-empresas/manual-pratico-de-calculo-da-multa.pdf

UNITED STATES GENERAL ACCOUNTING OFFICE. *Personal Bankrupcy. The Credit Reserach Center Reporto n Debtors' Ability to Pay*, 1998 e, para uma abordagem filosófica brilhante, MURPHY, Liam, NAGEL, Thomas. *The Myth of Ownership*. Oxford: Oxford University Press, pp. 20, 24, 28 et al.

NOTAS

NOTAS

NOTAS

NOTAS

A Editora Contracorrente se preocupa com todos os detalhes de suas obras!
Aos curiosos, informamos que este livro foi impresso no mês de novembro de 2019, em papel Pólen Soft 80g, pela Gráfica Viena.